朴斗鎭詩全集 1

일러두기

- 이 책은 시인 박두진 탄생 100주년을 맞아 홍성사가 출간하는 〈박두진 시 전집〉 가운데 첫 권입니다.
《해》(1949), 《午禱(오도)》(1953), 《인간밀림》(1963)이 실린 《박두진 전집1-詩Ⅰ》(범조사, 1982)의 내용을 그대로 보존하면서,
새로운 판형과 표지·내지 디자인에 담았습니다. (단, 원문에 표기된 한자어 가운데 일부는 한글로 표기했고, 일부는 괄호 안에 독음을 표기했습니다.)
- 《해》에는 저자 서문에 해당하는 "自序(자서)"가 없습니다. 본문 뒤의 "해설"은 1982년 출간된 전집에 실린 것입니다.
본문에서 《 》는 저서 제목, 〈 〉는 작품(주로 시) 제목을 나타내며, 「 」는 인용구를 나타내거나 강조를 위해 사용한 것입니다.

박두진 시 전집 1

《해》
《午禱 (오도)》
《인간밀림》

朴斗鎭詩全集 1

홍성사.

발간사

예술 작품을 통해 우리는 작가가 구현하고자 한 세계는 물론 그의 일생을 돌아봅니다. 깊은 감동과 울림 가운데 영원히 기억되며 불멸의 예술혼으로 간직되는 작품세계는 많은 이들에게 영향을 끼치며, 그 자체로 살아 있는 역사가 됩니다.

나의 아버지 박두진은 예술이 무엇이고 삶이 무엇인지에 대한 근원적인 생각을 작품을 통해 이야기하며 큰 생각과 큰 마음으로, 자상함과 여유로운 가슴으로, 맑고 순수한 그의 예술세계를 이루셨습니다.

하늘에서 쉬고 계시는 아버지에 대한 그리움을 어찌 말로 다 표현할 수 있겠습니까만, 감사하게도 우리는 작품을 통해 아버지의 시세계를 다시 만날 수 있고, 가슴에 담게 됩니다.

박두진 탄생 101주년을 맞으며 문학에 대한 깊은 애정으로 이 전집을 간행해 주신 홍성사의 모든 분께 감사드립니다.

2017년 8월
박영하

自序 (자서)

지난 40여 년 동안의 작품을 전집으로 묶게 되었다. 지금까지의 전 작품을 일단 정리, 결산할 기회를 갖는 셈이다.

그 동안 좀더 좋은 문학을 할 수 있었더라면 하는 자책과 아쉬움이 앞서지만, 이제 와서 후회를 한대도 어쩔 수 없는 일이다.

작품이란 언제나 그 작자를 떠난 독립된 대상으로서 끊임없는 역사의 심판과 엄정한 문학적 비평을 감수하지 않을 수 없는 숙명을 지니고 있기 때문이다.

무엇을 얼마만큼 어떻게 해왔는가 하는 것을 스스로 돌이켜 볼 때, 문학을 한다는 일의 어렵고 두려움을 새삼스럽게 실감한다.

이 전집은 우선 1982년까지의 작품을 장르별 연대순으로, 그리고 한 장르 안에서는 주제별 연대순의 원칙 아래 적당한 신축성을 두고 편찬했다.

이 전집의 각권을 편찬한 이후의 것과 앞으로 계속 써서 발표하거나, 단행본으로 따로 출간되는 것도 전집으로서 속간, 보충해 나갈 것이다.

우리 문학에 대한 깊은 애정과 출판문화인으로서의 뜨거운 사명감으로, 이 방대한 전집을 계획, 간행해 주시는 汎潮社 (범조사) 金亨模 (김형모) 사장의 각별한 후의에 깊은 감사의 뜻을

표하며, 실무진 여러분의 노고에도 치하를 드린다.

1982년 4월 20일

창천동에서 박두진

차례

《午禱(오도)》

5

《인간밀림》

I

《와》

1. 해

해

해야 솟아라. 해야 솟아라. 맑앟게 씻은 얼굴
고운 해야 솟아라. 산 넘어 산 넘어서 어둠을
살라먹고, 산 넘어서 밤새도록 어둠을 살라먹고,
이글이글 애띈 얼굴 고은 해야 솟아라.

달밤이 싫여, 달밤이 싫여, 눈물 같은 골짜기에
달밤이 싫여, 아무도 없는 뜰에 달밤이 나는 싫여
……,

해야, 고운 해야. 늬가 오면 늬가사 오면,
나는 나는 청산이 좋아라. 훨훨훨 깃을 치는 청산이
좋아라. 청산이 있으면 홀로래도 좋아라.

사슴을 따라, 사슴을 따라, 양지로 양지로
사슴을 따라 사슴을 만나면 사슴과 놀고, 칡범을
따라 칡범을 따라 칡범을 만나면 칡범과 놀고,……

해야, 고운 해야. 해야 솟아라. 꿈이 아니래도
너를 만나면, 꽃도 새도 짐승도 한자리 앉아,
워어이 워어이 모두 불러 한자리 앉아 애띄고 고은
날을 누려 보리라.

墓地頌 (묘지송)

北邙(북망) 이래도 금잔디 기름진데 동그만 무덤들 외롭지 않어이.

무덤 속 어둠에 하이얀 髑髏(촉루)가 빛나리. 향기로운 주검읫내도 풍기리.

살아서 설던 주검 죽었으매 이내 안 서럽고, 언제 무덤 속 화안히 비춰줄 그런 태양만이 그리우리.

금잔디 사이 할미꽃도 피었고, 삐이 삐이 배, 뱃종! 뱃종! 멧새들도 우는데, 봄볕 포근한 무덤에 주검들이 누웠네.

《해》

훨훨훨 나래 떨며

열리렴! 하늘. …… 아득히 아른 아른 빛나 오는
것, 눈시울에 아른거려 닥아오는 것, 푸르른 하늘.
…… 아득한 하늘 넘어, 한 가닥 아른 아른 빛나
오는 것, 열리렴! 하늘. ……

눈 깜막 감았다 뜨는 사이 열리어 오면, 해맑은
대낮에도 번쩍! 번개처럼 열리어 오면

이리는 산등에서, 족제비는 들에서, 삽살개는
뜰억에서, 돼지떼는 우리에서, 한 하늘 눈을 모둬
우르러 보고, 우글대는 인간들! 나란히 인간들도
우르러 보는,

솟으렴! 태양. …… 또 하나 궁창에서, 훨훨훨
나래 떨며 솟아나는 것, 뭇 어둠 불사르며,
이글이글 타는 얼굴 솟아나는 것,

별들 다아 새로 씻겨 빛나고, 온 누리, 눈물
어린 누리 위에, 금빛 쏴아아 내려 쬐는 빛의 줄기.
…… 유량한 울림 속에 청산은 모두 귀를 열어,
소리 높여, 일제히 노래 부를 푸른 나무들!

꽃도 새도 짐승도 새로 태어나, 밤이란 다시는

오지 않는 아침에, 하늘대는 바람 맞아 꽃줄들 새로
맑고, 우르러 호흡 같아 쉬면, 호흡 같아 쉬면,
너도 나도 다 한 가지, 허파며 심장이며 새로 붉어
뛰놀고, 우리 모두 번쩍! 눈 새로 밝아지는, 눈
새로 밝아지는, 아아, 진정 솟으렴! 태양. ……

들려 오는 노래 있어

빛 있으라. 빛이 있으라. 빛 새로 밝아 오면 온 산이 너훌에라. 푸른 잎 나무들 온 산이 너훌에라.

빛 밝은 골짜기에 나는 있어라. 별 쪼이며 별 쪼이며, 빛 방석 깔고 앉아 나는 있어라.

홀로 내 앉은 자리 풀 새로 돋아나고, 따사한 어깨 위엔 금빛 새 떼 내려앉고, 온 골, 별 밝은 골마다 핏빛 장미 피어나면! 나는 울어도 좋아라. 새로 푸른 하늘 아래, 내사 홀로 앉아 울어도 좋아라.

줄줄줄 단 샘물에 가슴이 축고, 빛 고은 산열매사 익어가는데, 아, 여기 작고 짐승의 떼 운다기로, 가시풀 난다기로, 내 어찌, 별 밝은 골을 두고 그늘로야 헤매랴.

난 있어라. 나는 있어라. 별 밝은 골짜기에 홀로 있어라. 너훌대는 청산 속에 나는 있어라. 귀 깊이 기우리면, 머언 가녀린 들려오는 노랫소리……. 아득한 하늘 넘어, 아득히 열려오는 아른대는 빛의 줄기……. 빛 보여, 빛 보여, 나는 있어라.

해의 품으로

해를 보아라. 이글대며 솟아 오는 해를 보아라. 새로 해가 산 넘어 솟아오르면, 싱싱한 향기로운 풀밭을 가자. 눈부신 아침 길을 해에게로 가자.

어둠은 가거라. 울음 우는 짐승 같은 어둠은 가거라. 짐승같이 떼로 몰려 벼랑으로 가거라. 햇볕살 등에 지고 벼랑으로 가거라.

보라. 쏘는 듯 향기로이 피는 저 산꽃들을, 춤 추듯 너훌대는 푸른 저 나뭇잎을. 영롱히 구슬 빛듯 우짖는 새소리들. 줄줄줄 내려 닫는 골 푸른 물소리들. …… 아, 온 산 모두 다 새로 일어나, 일제히 수런수런 빛을 받는 소리들. ……

푸른 잎 풀잎에선 풀이 치는 풀잎소리, 너훌대는 나무에선 잎이 치는 잎의 소리, 맑은 물 시내 속엔 은어새끼 떼소리……. 던져 있는 돌에선 돌이

치는 돌 소리、……—자벌레는 가지에서、돌찐아빈
밑둥에서、여어어 잇! 별 함빡 받아 입고 질러보는
만셋소리……、온 산 푸른 것、온 산 생명들의、
은은히、또、아、일제히 울려오는 압도하는
노랫소리…….

산이여! 너훌대는 나뭇잎 푸른 산이여! 햇볕살
새로 퍼져 뛰는 아침은、너희 새로 치는 소리들에
귀가 열린다、너희 새로 받는 햇살들에 눈이 밝는다、
—피가 새로 돈다、울울울 올라갈듯 온 몸이 울린다、
새처럼 가볍는다、……나는 푸른 아침 길을 가면서
……、새로 솟는 해의 품 해를 향해 가면서…….

2. 青山道 (청산도)

낙엽송

가지마다 파아란 하늘을
바뜰었다.
파릇한 새순이 꽃보다 고웁다.

청송이래도 가을 되면
홀 홀 낙엽 진다 하느니、

봄마다 새로 젊은
자랑이 사랑웁다.

낮에 햇볕 입고
밤에 별이 소올솔 내리는
이슬 마시고、

파릇한 새 순이
여름으로 자란다.

香峴 (향현)

아랫도리 다박솔 깔린 산 넘어 큰 산 그 넘엇 산 안 보이어, 내 마음 둥둥 구름을 타다.

우뚝 솟은 산, 묵중히 엎드린 산, 골골이 長松 (장송) 들어섰고, 머루 다랫넝쿨 바위엉서리에 얽혔고, 샅샅이 떡갈나무 윽새풀 우거진 데, 너구리, 여우, 사슴, 산토끼, 오소리, 도마뱀, 능구리 등 실로 무수한 짐승을 지니인,

산, 산, 산들! 累巨萬年 (누거만년) 너희들 침묵이 흠뻑 지리함즉 하매,

산이여! 장차 너희 솟아난 봉우리에, 엎드린 마루에, 확 확 치밀어 오를 火焰 (화염) 을 내 기다려도 좋으랴?

핏내를 잊은 여우 이리 등속이, 사슴 토끼와 더불어 싸릿순 칡순을 찾아 함께 즐거이 뛰는 날을, 믿고 길이 기다려도 좋으랴?

푸른 숲에서

찬란한 아침 이슬을 차며
나는 푸섶길을 간다.

영롱한 이슬들이
내 가벼운 발치에 부서지고,
불어오는 아침 바람—
산듯한 풀냄새에 가슴이 트인다.

들장미 海棠(해당) 꽃 시새워 피고,
꾀꼬리랑 모두 호사스런 산새들이
자꾸 나를 딸아오며 울어준다.

머언 산엔,
뻑 꾸욱, 뻑 꾸욱, 뻑국새가 울고……,

—금으로 만든 날개쭉지……
나는 이런 푸섶에 떨어졌을 금 날개쭉지를
생각하며

옛날 어릴 적 동화가 그립다.
—쫒겨난 왕자와 공주의 이야기……

한 떨기 고운 들장미를 꺾어,
나는 훈장처럼 가슴에 달어본다.

흐르는 물소리와
산드러운 바람결,

가도 가도 싫지 않은
푸른 숲 속 길.

아무도 나를 알아 찾아주지 않아도
내사 이제 새삼 외로울 리 없어……,

오월의 하늘은
가을보다도 맑고,

보이는 곳은 다아 나의 정신,
보이는 곳은 다아 나의 하늘이로세.

샘이 솟아

물 흘리어라. 머언 푸른 아스라한 열 두 구비、
꽃 붉은 골을 안은 산이여! 산이여!

꽃 붉은 가슴마다 이슬이 맺고、이슬진 송이마다
꿀물이 흘러……、별이 오는、닝닝대는、꿀벌이
오는 골은、아어 밝아라. 밝아라.

아침 이슬 꽃이슬은、새가 짓는 맑은 눈물、
밤 이슬 꽃이슬은、별이 짓는 맑은 눈물、꽃심엔
꿀이여! 너의 흘린 피의 이슬、아어 달어라.
달어라. 달어라.

티끌 바람 불어 와도、샘물은 솟고、온 꽃
다 져도 청산은 있어、내 몸 청산 되면 늬가 오는
골짜기…… 아어、꽃 붉은 골짜기에 샘은 흘러라.
늬가 오는 골짜기에 꿀은 흘러라.

닝닝닝 벌이 돌고 산새가 오고、낮에도 별이 내려
노닐다 가는、아어. 산이여! 꽃골짜기 머언 골이여
!……

靑山道 (청산도)

산아. 우뚝 솟은 푸른 산아. 철철철 흐르듯 짙푸른 산아. 숱한 나무들、 무성히 무성히 우거진 산마루에、 금빛 기름진 햇살은 내려오고、 둥 둥 산을 넘어、 흰 구름 건넌 자리 씻기는 하늘. 사슴도 안 오고 바람도 안 불고、 넘엇 골 골짜기서 울어 오는 뻐꾸기…….

산아. 푸른 산아. 네 가슴 향기로운 풀밭에 엎드리면、 나는 가슴이 울어라. 흐르는 골짜기 스며드는 물소리에、 내사 줄줄줄 가슴이 울어라. 아득히 가버린 것 잊어버린 하늘과、 아른 아른 오지 않는 보고 싶은 하늘에、 어찌면 만나도질 볼이 고운 사람이、 난 혼자 그리워라. 가슴으로 그리워라.

띠끌 부는 세상에도 버레 같은 세상에도 눈 맑은、 가슴 맑은、 보고지운 나의 사람. 달밤이나 새벽녘、 홀로 서서 눈물 어릴 볼이 고운 나의 사람. 달 가고、

밤 가고、 눈물도 가고、 티어 올 밝은 하늘 빛난
아침 이르면、 향기로운 이슬밭 푸른 언덕을、
총총총 달려도 와줄 볼이 고운 나의 사람.

푸른 산 한나절 구름은 가고、 골 넘어、 골 넘어、
뻐꾸기는 우는데、 눈에 어려 흘러가는 물결 같은
사람 속、 아우성쳐 흘러가는 물결 같은 사람 속에、
난 그리노라. 너만 그리노라. 혼자서 철도 없이 난
너만 그리노라.

숲

진달래 붉게 피고、
두견새며 綠陰 (녹음) 따라
꾀꼬리도 와서 울고 하면、
숲은
새색시같이 즐거웠다.

우거진 녹음 위에
오락가락 검은 구름 떼가 몰리고、
이어 성난 하늘에
우루루루 천둥이며 비바람에
파란 번갯불이 질리고 하면、
숲은 후둘 후둘 무서워서 떨었다.

찬비가 내리곤 하다가
이슥고 하늘에 서릿발이 서고、
찬바람에 우수수수 누렁 나뭇잎들이 떨어지며
달밤에 귀뚜라미며 풀버레들이 울고 하면、

숲은 쓸쓸하여、
숲은、 한숨을 짓곤 짓곤 하였다.

부우연 하늘에서
함박눈이 내리고、
눈 위에 바람이 일어 눈포래가 휩쓸고、
카랑카랑 맵게 칩고、
달이며 별도 얼어 떨고、
부헝이가 와서 울고 하면、
숲은、 웅숭그리며、 오도도 떨며、 참으며、
하얀 눈 위에서 한밤내— 울었다.

청산에

여릿 여릿 녹음은、
새로 짙은 녹음은、
수멀 수멀
마구 새샘처럼 솟는가.

아스므레
저렇게
머얼리서도 청산은、
팍팍한 가슴을、
가슴 속 목마름을 축여주는데、

그리운 사람들、
못 견디게
작고 내 외마디로 불리우는
그리운 사람들은、

날 두고、

나만 홀로 두고、
산 너메
청산 너메
머언 데만 있어라.

나 홀로
아、나만 홀로
앳세 나는
저、청산에나 들을가.

한나절 우륵 우륵
타게 쬐는 황토 마루、
푸른 이끼 잡힌 돌엉서리、
서슬 푸른
억새 섶 가시땀을、

아、나는 이제
풀어 헤친
가슴으로 안어라.
홅이어、이슬져 피나도록
가슴으로 안어라.

못 견디게、다만、
작고、날、이리도 닳게 하는
먼 저、하늘 너머、
푸른
산이여! 산이여!

雪岳賦 (설악부)

1

부여안은 치맛자락、 하얀 눈바람이 흩날린다. 골이고 봉우리고 모두 눈에 하얗게 뒤덮였다. 사뭇 무릎까지 빠진다. 나는 예가 어디 저 북극이나 남극 그런 데로도 생각하며 걷는다.

파랗게 하늘이 얼었다. 하늘에 나는 후— 입김을 뿜어 본다. 스러지며 올라간다. 고요—하다. 너무 고요하여 외롭게 나는 太古(태고)! 태고에 놓여 있다.

2

왜 이렇게 자꾸 나는 산만 찾아 나서는 겔가? —내 영원한 어머니……. 내가 죽으면 백골이 이런 양지짝에 묻힌다. 외롭게 묻어라.

꽃이 피는 때、 내 푸른 무덤엔、 한 포기 하늘빛

도라지꽃이 피고、 거기 하나 하얀 산나비가 날러라. 한 마리 멧새도 와 울어라. 달밤엔 두견! 두견도 와 울어라.

언제 새로 다른 태양、 다른 태양이 솟는 날 아침에、 내가 다시 무덤에서 부활할 것도 믿어본다.

3

나는 눈을 감어본다. 순간 번뜩 영원이 어린다. …… 인간들! 지금 이 땅위에서 서로 아우성 치는 수많은 인간들이、 그래도 멸하지 않고 오래 오래 세대를 이어 살아갈 것을 생각한다.

우리 족속도 이어 자꾸 나며 죽으며 멸하지 않고、 오래 오래 이 땅에서 살아갈 것을 생각한다.

언제 이런 설악까지 왼통 꽃동산 꽃동산이 되어、 우리가 모두 서로 노래치며、 날뛰며、 진정 하로 화창하게 살아볼 날이、 그립다. 그립다.

毘盧峯 (비로봉)
— 금강산 2

1

급한 바람과 구름에 불려 올라왔다. 비로봉!
…… 쒜— 쒜— 막 치 불어 올리는 바람과 구름에,
나는, 작고, 헉헉 느끼어만 진다.

나를 둘러 싼 자욱한 구름, 우러러도, 우러러도,
어디 푸른 하늘 하나 안 보인다.

2

장적불 붉게 타는 茶店(다점) 안 마즌편 유리
창을 딱! 총알같이 받고 와 떨어지는 것이 있다.
매에게 쫓겨드는 죄그만 산새! ……바르르르 몸을
떤다. 얼른 나는 산새를 안었다. 찌이찌이 간신히
운다. 사르르 눈을 감는다. 무섭과 아픔에, 떨며
발딱이는 죄그만 가슴……

나는 입술을 모아, 쪼우 쪼우 새소리를 지어

얼러도 보고, 후— 후— 입바람을 내어, 꽁지 밑을 불어주기도 하였다. ……눈을 뜬다. …… 살아난다. ……또락 또락 바리작댄다. 아조 다시 살아났다.

3

새를 안고 나는 밖으로 나갔다. 그저 흐리어 있는 하늘. 푸른 하늘은 아니래도 오! 날려라. 발돋움하여 나는 하늘로 새를 치뜨렸다. 찍찍찍 울고 간다. 보이지 않는다.

4

구름이 몰린다. 한편 하늘만 끊은 듯 조옥 삽시간에 개인다. 들어나는 파란 하늘. 햇살이 화안히 그쪽에만 뻔힌다. 저— 아래 새로 보이는 구름. 눈 같은 구름벌에 치켜드는 봉우리들. 봉우리가 모두 구름 속에 겨우 머리만 남고 잠기었다.

5

훌훌훌 이쪽 하늘만 개인다. 앗질! 높다. 내가 섰는 봉우리……. 반짝 햇볕이 빛난다. 나도 볕에 싸인다. 이내 또 흐린다. 구름이 몰려든다. 삽시간에 다시 자욱하다.

6

바람과 구름, 헉 헉 느끼어지는 자욱한 바람과

구름 속에, 나는 무릎을 꿇고 우러른다. 차가운
돌 위에……. 기도를 마치면, 나는 다시 金梯銀梯
(금제은제)로 해서 총총히, 내금강으로 萬瀑洞
(만폭동)으로 내려가야 한다.

道峯 (도봉)

산새도 날러와
우짖지 않고、

구름도 떠가곤
오지 않는다.

인적 끊인 곳
홀로 앉은
가을 산의 어스름.

호오이 호오이 소리 높여
나는 누구도 없이 불러 보나、

울림은 헛되히
빈 골 골을 되도라 올 뿐.

산그늘 길게 느리며
붉게 해는 넘어 가고、

황혼과 함께
이어 별과 밤은 오리니.

생은 오직 갈수록 쓸쓸하고,
사랑은 한갓 괴로울 뿐.

그대 위하여 나는, 이제도 이,
긴 밤과 슬픔을 갖거니와,

이 밤을 그대는, 나도 모르는
어느 마을에서 자느뇨.

산아

아스므레、 산은、 돌아 열두 구비、 첩첩 산은、
넘어가면 스무 마루…… 산아. 푸른、 엎드렸는
산아. 우뚝 솟아 서서 있는 산아. 봄 돌아、 따뜻한
봄이 돌아、 산 구비마다 골마다 다시 살아 푸른
산아.

자욱히 끼어들던 안개가 걷혀 가면、 양지쪽 땅을
뚫고 푸른 싹이 돋아나고. 파릇파릇 나뭇잎 새로
피고. 굼실굼실 긔어 나는 땅버러지…… 날러 들어、
우짖이는 새의 소리. 굴 속에 쭈쳐있던 짐승들이
나와 뛴다.

산아. 너는 엎드려만 있느냐. 움직움직 몸읫짓도
않느냐. 고개를 빼여들어 바다도 안 보느냐. 쿵 쿵
쿵 일어선 채 발도 굴러 안 보느냐. 밤에도、 별
푸른 한밤에도、 너는、 날 처럼 돌아 누어 울지도
아니하고、 날 처럼 몸부림쳐 흐느끼도 아니하고……

산아. 늬가 일어 수런대면、 나는、 이대로 오오래、
서서 자도 좋아라. 늬가 일어 소릴 치면、 나는、
바위처럼 오오래 앉아 자도 좋아라.

아스므레、 산은、 돌아 열두 구비、 첩첩 산은、

넘어 가면 스무 마루. …… 산아. 너는, 나로, 산을 넘어, 맨발로 훑여 넘어, 달리게 하라. 덩 덩 덩 벗은 발로 달리게 하라.

저, 어디서, 노루를 잡는 소리. …… 노루를 노루들을 잡자는 소리. 총소리. …… 모릿소리. 모릿군의 모릿소리. 풀잎, 꽃이팔에 이슬이 묻어, 새로 핀 꽃이팔에 핏방울이 묻어……. 휙! 지내가는 그림자. 가슴을 서러웁게 지내가는 그림자. 산이여! 별 바른 한나절은 왜 이리도 밝은가. 발 벗고, 맨발 벗고, 훑이는 산마루를 내가 넘는다. 바다가 있는 데로 타고 넘는다.

햇볕살 따실 때에

나무 푸른 아래로 오너라. 날이 개어 날이 참 좋다. 푸른 지금은 음력으로 오월 달. 있는 것 다 싱싱히 푸르르는, 여기는 푸른 산 별바른 아침나절.

억새、잔디、새광이풀 우거지고、삽초、취、수영 、 수리취 、 더덕 、 도라지가 어울린데、올에도 다시 피는、별같이 곱게 피는、나리꽃 석죽꽃들……

푸른 잎 이들대는 잎이 넓은 떡갈나무、오월에도 치워 떠는 파들대는 사시나무、키가 큰 물푸레와、풍、솔、밤나무 옷나무와、머루、다래、으름、칡、댕댕이 넝쿨들이、푸른 돌 바위 위로 얼크러져 오르는데、삐이 호이、비이 호이、홀로 우는 새의 소리……. 머언 산에서는 、 뻑구욱 、 뻑구욱 、 뻑구욱、울며 오는 뻑국소리…… 또、물 소리……. 돌을 씻고 돌 틈으로、 돌돌돌 쪼로로록 흘러오는 물의 소리…….

퍼붓듯 나뭇잎을 햇볕이 쬐어 주고 、 쬐이는 햇볕살을 잎새들이 빨아예고 、 가지를 잡으면 — 너 같은 손목만 한 나뭇가질 잡으면、수루루룩 느껴질듯 스며오는 물줄소리. 땅에서 빨아대는 나무

속 물줄소리……. 산에 사는 나무는、 햇볕 먹고、
물 먹고、 오뉴월 한나절을 싱싱히도 자라누.……

오라. 너는 산으로.…… 나무 품으로.…… 푸른
산 산도 좋고 물도 좋기로、 푸른 잎 붉은 꽃、
우는 새가 좋기로、 내사 어딜 가나 그리웁긴 너의
모습、 내 가슴 깊은 속에、 그리웁긴 너의 모습. 너
아님 어찌 내가 청산인들 찾으랴.

갈수록 좋은 날에 띠끌 덮여 흩날리고、 들려오는
아후성에 귀가 솔아도、 나는 불르리라 어지러운
소리 속에、 닳은 목 뻐국처럼 너를 다만 불르리라.

푸르른 나무란들、 붉게 고운 꽃이란들、 가을되면
훌훌 다 낙엽 되어 저버릴 것、 싸늘한 가을바람
휘휘로히 불어 와도、 눈 포래 매운 바람 뷘 가질
울리어도、 나는 불르리라 너를 다만 왼 종일. 내
살아 숨 쉴 동안 난 너를 불르리라.

오라. 여기、 너는、 나뭇잎 푸를 때에……. 오라.
다만、 피는 꽃 고을 때에……. 산 넘어、 산을 넘어、
뻐국새 목이 잦듯 너도 나를 불르며、 햇볕살 따실
때에 나를 와서 안어라.

3. 장미의 노래

비들기

비들기……. 오오、 비들기야 비들기……. 네 눈이 곱다. 네 깃이 곱다. 네 빩안 발이 참 곱다. 오오、 내려오라 땅 위에……. 푸른 높은 저 아득한 하늘에서……. 온 하늘 가믈거려、 까맣게 흩날리듯 꽃잎처럼 오라.

— 나무……. 늬가 앉을 연한 잎 나무들이 기다린다……. 아기들이 기다린다. 푸른 밭 잔디에서 아기들이 기다린다. 늬가 오면 찍어먹을 푸른 콩을 흩어 놓고、 푸른 밭 잔디 위에 아기들이 기다린다.

구、 구、 구、 비들기……. 꾸룩 구、 구、 비들기야. 초가집、 기와집、 양옥집 집웅들、 늬가 내려 앉아 놀을 집웅들이 기다린다. 늬가 내려 앉아 놀을 뜰억들이 기다린다.

바다로도 오너라. 산으로도 오너라. 흰 깃 파닥거려、 훨훨훨 꽃잎처럼 마을로도 오너라. 구、 구、 구、 비들기……. 구 구 구 늬가 울면 아기들이 나온다. 구、 구、 구、 늬가 울면 잎이 새로 돋는다. 구、 구、 늬가 울면 꽃망울이 맺는다.

비들기……. 오오、 비들기야 비들기……. 내려

오라. 뭇 사람 어깨 위에……. 피로 물든 거리 위에
……. 눈물 젖은 마을 위에……. 까맣게 가믈거려、
내려앉는 꽃잎처럼……. 눈이 고은、 깃이 고은、 샛빩
안 발이 고은、 오오、 내려오라 비듥기……. 꾸룩
구、 구、 구、 내려오라 비듥기…….

하늘

하늘이 내게로 온다.
여릿 여릿
머얼리서 온다.

하늘은, 머얼리서 오는 하늘은,
호수처럼 푸르다.

호수처럼 푸른 하늘에,
내가 안긴다. 온 몸이 안긴다.

가슴으로, 가슴으로,
스미어드는 하늘,
향기로운 하늘의 호흡,

따거운 볕,
초가을 햇볕으론
목을 씻고,

나는 하늘을 마신다.
작고 목 말러 마신다.

마시는 하늘에
내가 익는다.

능금처럼 내 마음이 익는다.

《해》

오월에

푸른 한 점 구름도 없이 개인 하늘이 호수에 잠겼습니다.

호수는、 푸른 하늘을 잠근 호수는、 푸른 머언 당신의 마음、

별 포근히 쪼이고、 푸른 나뭇잎 하늘대고、

하늘대는 잎 사이、 여기 저기 붉게 피는 꽃 무데기.

오월은、 재재대는、 적은 새의 떼와 더불어、

푸른 호수 가로、 호수 가로、 어울리는데、

당신은、 오월、 이、 부드러운 바람에도 안 설렙니까.

소란한 저자에서 벗어나、

햇살과 바람과 나무와 꽃 잎 사이、

비록 아기자기 대수롭지도 않은 풍경이긴 하나、

내 조용히 묻고、 조용히 또 대답할 말 있어、

기인 한나절을、 나 어린 소년처럼 혼자 와 거닐어도、

당신은、 하늘처럼、 마음 푸른 당신은 안 오십니다.

이제는、 머언 언제 새로운 날 다시 있어、

내、 어느、 바다가 바라뵈는 언덕에 와 앉아、

오오래, 당신을 기다리기, 하늘로 맺혀 오른 고운 피의 열이,

다시, 저, 푸른 하늘에서, 이슬처럼 내려 맺어

나의 앞에, 붉은 한 떨기 장미꽃이 피기까지,

나는, 또, 혼자, 오오래 소년처럼 기다릴까 봅니다.

나무처럼

바람아. 휘휘휘 푸른 갈나무를 와서 부는
바람아. 너、어디서 오니? 머언 저 바다、어느
푸른 물구비에서 오니? 머언 저 산、어느 푸른
나무 사이에서 오니?

바닷물에 씻기운 바닷물에 자라난、내 귀는 두
조각 소라껍데기、
바닷일이 그리워 주삣거리고、산바람에 불리운、
산바람에 자라난、내 귀는 푸른 잎 나무 잎사귀、
산잇일이 그리워 쫑긋거린다.

바람아. 내 귀를 와서 불어라. 소라마냥
울리게. ······ 바람아. 내 귀를 와서 불어라.
잎새마냥 나붓대게. ······ 그 무에라고 불며 오는、
그 무에라고 불며 가는、나는、네 말을 안다.

늬가 오던 하늘、슬슬슬 밀고 오던 구름의 말과、
늬가 오던 바다、지껄이던 푸른 물 바다의 말과、또、
생각하는 산잇 마음、생각하는 숲잇 마음、푸른
숲 가지사이、울던 새 떨던 꽃을. ······

구름은 덧없고、바다는 흐느끼고、산들은
한숨 짓고、마을은 으르대고、푸른 빛 하늘 아래

눈물짓는 꽃, 눈물짓는 새의 말을. ……

바람아. 내 귀를 와서 부는 바람아. 휘휘휘 불고가면, 너는, 또, 어디로 가니? 바다로 가니? 산으로 가니? 숲으로, 둥둥 저 구름이 가는 아래 숲으로 또 가니? 꽃을 보러……. 새를 보러…….

나는 여기 섰다. 바람아. 푸른 나무처럼 나 홀로 여기 섰다. 아직도 작고 나는, 그 누구가 그리워……, 그 누가 보고지워……, 그 누가 올 것같어……, 나는 섰다. 그리운, 정— 울려오는 그이 마음, 그리운 그 모습. 그리운 그 품. 그리운 그 눈—! ……

흰 장미와 백합꽃을 흔들며

눈같이 흰 옷을 입고 오십시요. 눈 위에 활작 햇살이 부시듯 그렇게 희고 빛나는 옷을 입고 오십시요.

달밝은 밤 있는 것 다아 잠들어 괴괴—한 보름밤에 오십시요. …… 빛을 거느리고 당신이 오시면, 밤은 밤은 영원히 물러간다 하였으니, 어쩐지 그 마지막 밤을 나는, 푸른 달밤으로 보고 싶습니다. 푸른 月光(월광)이 금시에 활닥 화안한 다른 광명으로 바뀌어지는, 그런, 장엄하고 이상한 밤이 보고 싶습니다.

속히 오십시요. 정녕 다시 오시마 하시었기에, 나는, 피와 눈물의 여러 서른 사연을 지니고 기다립니다.

흰 장미와 백합꽃을 흔들며 맞으오리니, 반가워, 눈물 먹음고 맞으오리니, 당신은, 눈같이 흰 옷을 입고 오십시요. 눈 위에 활작 햇살이 부시듯, 그렇게, 희고 빛나는 옷을 입고 오십시요.

푸른 하늘 아래

내게로 오너라. 어서 너는 내게로 오너라. — 불이 났다. 그리운 집들이 타고, 푸른 동산, 난만한 꽃밭이 타고, 이웃들은, 이웃들은, 다 쫓기어 울며 울며 흩어졌다. 아무도 없다.

일히들이 으르댄다. 양떼가 무찔린다. 일히들이 으르대며, 일히가 일히로 더불어 싸운다. 살점들을 물어 뗀다. 피가 흘른다. 서로 죽이며 작고 서로 죽는다. 일히는 일히로 더불어 싸우다가, 일히는 일히로 더불어 멸하리라.

처참한 밤이다. 그러나 하늘엔 별 — 별들이 남아있다. 날마다 아침은 해도 돋는다. 어서 오너라. …… 황폐한 땅을 새로 파 이루고, 너는 나와 씨앗을 뿌리자. 다시 푸른 산을 이루자. 봄은 꽃밭을 이루자.

정정한 푸른 장생목도 심그고、한 철 낫다 스러지는 일년초도 심그자. 잣나무、오얏、복숭아도 심그고、들장미、석죽、산국화도 심그자. 싹이 나서 자라면、이어、붉은 꽃들이 피리니……

새로 푸른 동산에 금빛 새가 날러 오고、붉은 꽃밭에 나비 꿀벌 떼가 날러들면、너는、아아、그때 나와 얼마나 즐거우랴. 설게 흩어졌던 이웃들이 도라오면、너는 아아 그때 나와 얼마나 즐거우랴. 푸른 하늘、푸른 하늘 아래 난만한 꽃밭에서、꽃밭에서、너는、나와、마주、춤을 추며 즐기자. 춤을 추며、노래하며 즐기자. 울며 즐기자.… 어서 오너라.……

어서 너는 오너라

복사꽃이 피었다고 일러라. 살구꽃도 피었다고 일러라. 너이 오 오래 정드리고 살다 간 집、 함부로 함부로 짓밟힌 울타리에、 앵도꽃도 오얏꽃도 피었다고 일러라. 낮이면 벌떼와 나비가 날고、 밤이면 소쩍새가 울더라고 일러라.

다섯 물과 여섯 바다와、 철이야. 아득한 구름 밖、 아득한 하늘가에、 나는 어디로 향을 해야 너와 마주 서는 게냐.

달 밝으면 으레 뜰에 앉아 부는 내 피리의 서른 가락도 더는 못 듣고、 골을 헤치며 산에 올라 아침마다、 푸른 봉우리에 올라서면、 어어이 어어이 소리 높여 불르는 나의 음성도 너는 못 듣는다.

어서 너는 오너라. 별들 서로 구슬피 헤여지고、 별들 서로 정답게 모이는 날、 흩어졌던 너의 형

아우 총총히 돌아오고, 흩어졌던 네 순이도 누이도
돌아오고, 너와 나와 자라난, 막쇠도 돌이도
복술이도 왔다.

눈물과 피와 푸른 빛 기빨을 날리며 오너라.……
비둘기와 꽃다발과 푸른 빛 기빨을 날리며 너는
오너라.

복사꽃 피고, 살구꽃 피는 곳, 너와 나와 뛰놀며
자라난, 푸른 보리밭에 남풍은 불고, 젖빛 구름,
보오얀 구름 속에 종달새는 운다.
기름진 냉이꽃 향기로운 언덕, 여기 푸른
잔디밭에 누워서, 철이야, 너는 늴늴늴 가락 맞춰
풀피리나 불고, 나는, 나는, 두둥실 두둥실
붕새춤 추며, 막쇠와, 돌이와, 복술이랑 함께,
우리, 우리, 옛날을, 옛날을, 딩굴어 보자.

노고지리

삐잇! 노글노글 나는 떴어라. 봉봉봉 하늘 높이 떠서 놀아라.

냉이꽃 피어있는, 씀바꽃 피어있는, 보리밭 이랑 새에 알을 낳았어라. 남 몰래 남 몰래 알을 낳았어라.

알을 내가 품어 까면 새끼 새가 나와라. 날 닮아 우짖어 엘 새끼새가 나와라. 종종종 지리지리지리종 내 새끼가 나와라.

누가 와서 기웃대면, 내 새끼 보금자릴 어느 뱀이 넘실대면, 나는, 불이 되어 좋아라. 살같이 내리박혀 불이 되어 좋아라. 내 새끼 품에 안고 불이 되어 싸워라. 지리지리종! 지리지리지리 종! 내 새끼들 자라나면 온 들이 노래여라.

구름이 몰리어라. 구름 위 솟아나면 푸른 또 하늘여라. 구름이 흘러가면 다시 뵈는 보리밭, 푸른 골 물결 쳐 나실대는 보리밭.

나는 좋아라. 홀로래도 좋아라. 날 닮어 우짖어옐, 내가 깔 새끼들을 생각하면 더 좋아라. 배추꽃, 살구꽃, 피는 마을에, 온 하늘 구슬 빛듯 굴러가는 내 소리……, 삐이 잇! 노글노글 우짖으면 좋아라. 온 넋이 노래 되어 우짖으면 좋아라. ……

새벽 바람에

칼날 선 서릿발 짙푸른 새벽、
상기도 휘감긴 어둠은 있어、

하늘을 보며、 별들을 보며、
내여젓는 내여젓는 白樺(백화)의 손길.

저마다 몸에 지닌 아픈 상처에、
헐덕이는 헐덕이는 산길은 멀어…、

봉우리엘 올라서면 바다가 보히리라.
찬란히 트이는 아침이사 오리라.

가시밭 돌사닥 찔리는 길에、
골마다 울어예는 굶주린 짐승.……

서로 잡은 따사한 손이 갈려도、
벗이여! 우린 서로 불르며 가자.

서로 갈려 올라가도 봉우린 하나、
피 흘린 자욱마단 꽃이 피리라.

장미의 노래

내 여기 한 이름 없는
적은 마을에 태어나、

바람과、 토양과、 부모와、
따사한 햇볕에 안겨 자랐으나、

어머니의 젖、
달큰한 젖의 품을 벗어나、
외따로 걷는 마을 길에 서서、
처음 우러러 하늘을 볼 때부터、

이내 자고 새면 그리워 온
머언 그
또 하나 나의 하늘.

바람 부는 벌판、
두견 우는 골짝、

내 청춘은、
한 사람 살뜰한
연인도 없이 걸어 와、

눈물은 항시

서럽고 많은 시의 이슬로
結晶(결정) 짓고,

한숨은 묶어
떠나가는 구름과 바람에 실어
보내며,

다만 깊이
내 안에 가꿔온 것
붉은 장미는—,

언제 새로 바라는 하늘이 열려
찬란히 트이는
아침에사 피리라.

다섯 뭍과 여섯 바다에
일제히 인류가 합창을 부르는 날,

그때사 마저 내 또 떠인 곳에
외로이 섰지라도,

나의 시 아끼는 나의 눈물은,
시시로이 장미 위에,
영롱히 다시 이슬지어 맺나리라.

4. 바다

바다 1

쨍! 울리도록 하늘은 맑았어라. 어린 어린
타오르듯 구만 리나 푸르러라.

빙빙빙 돈다는 지구 위에사, 지구에도 바닷가에
나 혼자 앉아, 짠 물결 푸른 물에 손을 잠그면,

바다는 되돌아서 다시 오면서, 어얼사 나를 안고
가자고 한다. 머얼리 海心(해심)으로 가자고 한다.

하이얀 모래 밭 고운 沙(사) 위에 깔려있는
그리운 조개껍질은, 아롱 아롱 어릴 적 꿈을 일깨워
한나절 바닷가를 헤매게 하고,

왔다가 가는 물결 도루 그리워, 어어이 소리 높여
불러 보아도, 바다는 내 소리를 들은 척 않고,
바다는 머얼리도 다라만 간다.

바다는 어디로 어디로 가나. 우짖던 갈매기 떼
다 날아가고, 한밤을 마을 찾아 나도 돌아가며는,
왼종일 울부짖어 목이 잦은 채 바다는 이 밤을
어디로 가나.

海愁 (해수)

구름이 간다. 구름이 간다. 청산을 넘어 구름이 간다. 아무도 오지 않는 푸른 산봉우리, 이끼 낀 푸른 돌 바위에 앉아, 나는 혼자서 구름을 본다.

휘휘휘 불어오는 푸른 산 바람. 귓가를 불어가는 푸른 산 바람. 바다로 불어 가나? 바다가 그리워라. 머얼리 파도치는 바다가 그리워라. 짙푸른 짠 물결 파도 소리에 메마른 귀가 젖는 바다가 그리워라.

하늘도 좋고, 구름도 좋고, 머루랑 다래랑 으름도 좋고, 사슴도 골짜기도 산바람도 좋은데, 어찌서 오늘은 나 홀로 앉아, 머얼리 파도치는 바다가 그리울가.

나만 혼자서 그리는 하늘. 나만 혼자서 그리는 사람. 그리는 사람과 구름을 밟고, 나란히 층층계 올라가 본다. 머얼리 따로 있어 생각하는 이, 바다로 걸어가며 생각하는 이, 당신의 가슴으로 해가 오리라.

바다로

바다에서 자라 난 나래 하얀 새、바다에서 자라 난 나래 흰 새야· 어서 너 여기 내게로 와 앉으라·

하늘엔、높이、오늘도 구름만 노을져 타고、바람도 잠자려、휘휘휘 기슭으로 숲을 찾아드는 저녁、다만、여기、오오래 너를 바라 혼자만 섰는 나무、아득한、내 품、푸른 잎의 그늘에 와 앉으면、

나는、이 밤、자지 않고 너를 지켜、도는 하늘、내 잎잎을 밟고 가는 빛나는 별빛으로、네、잠든 눈、어리는 꿈의 위에、하늘을 빛내주고、

고이 접은 네 두 나래에선、나는 겹겹이 지니었던、내、머언、그、빛나는 바다에의 향수를 더듬으며、다만 여기、널 안고 이 한밤 서서 살다가、

밤이 다한 아침— 새로 솟는 해를 맞아、내 함빡 온 몸에 빛을 입고 서면— 나는、있는 손 다아 들어 기빨처럼 흔들며、햇살 입고、흰 나래 다시 훨훨、바다로 가는 너를 이별해 주마·

바다 2

바다가 와락
달려든다.
내가 앉은 모래 위에.……

가슴으로,
벅찬 가슴으로 되어
달려오는,
푸른 바다!

바다는,
내게로 오는 바다는,

와락 와락 거센 물결,
날 데리러 어디서 오나!

귀가 열려,
머언

《해》

바다에서 오는 소리에
자꾸만、 내、 귀가 열려、

나는 일어선다.
일어서며、
푸른 물 위로 걸어가고 싶다.
쩔벙 쩔벙
머언 바다 위로 걸어가고 싶다.

햇살 함빡 받고、
푸른 물 위를 밟으며 오는
당신의 바닷길.……

바닷길을 나도、
푸른 바다를 밟으며 나도、
먼、 당신의 오는 길로 걸어가고 싶다.

《午禱 (오도)》

自序(자서)

《해》 이후 씌어진 것들 중에서 몇 편을 추려 《午禱(오도)》라는 이름 아래 모아 보았습니다. 이것이 내 둘째번 시집이 되는 셈입니다.

이 중에서 〈산에 살어〉와 〈海愁(해수)〉와 〈한아름 해당꽃이〉, 〈고향〉 등의 네 편을 내놓으면 나머지 19편은 전부 이번 대구로 피난 와있는 약 2년 동안 쓴 것들입니다.

요새처럼 어려운 시기에 收支(수지)를 전연 도외시하고 이 시집을 간행해 주신 영웅사 韓秉庸(한병용) 씨의 厚誼(후의)와 精魂(정혼)을 기울여 안팎 裝幀(장정)에 애써 주신 鄭點植(정점식), 卞鍾夏(변종하) 두 화백의 懇篤(간독)한 성의와 이 시집이 나오기를 늘 기다리며 마음으로 도와주신 여러 詞友(사우)들의 따뜻한 情誼(정의)에 깊이 감사드립니다.

1952년 12월 20일

대구 내당동에서 저자 識(지)

1

碑 (비)

—한 마리만 푸른 새가 날아오르라. 비……
한마디만 길다랗게 소릴 뽑으라.

천 년 이천 년을 삼천 년을 조으는 것, 이끼마다
눈이 되어 꽃잎으로 피라. 이슬처럼 꽃잎마다 녹아
흐르면, 아득한 하늘 밖에 별이 내린다.

비. 오오, 돌. ……무엇을 호흡는가. 오래 숨이
겹쳐지면 깃쭉지가 돋는가. 목을 뽑아 학처럼 구름
밖도 나는가. 비바람과 눈포래와 내려 쬐는 또약볕.
미처 뛰는 세월들이 못을 박는다. 징징 박는다.

—月光 (월광). …… 또는, 별이 글성 배어 내려,
거울처럼 맑아지면 다시 네게 오마. 넌즛 한 번
내어밀어 손을 쥐어 다오. 벌에 혼자 너를 두고 훌훌
내가 간다.

午禱 (오도)

백 천만 만만 억 겁
찬란한 빛살이 어깨에 내립니다.

작고 더 나의 위에
압도하여 주십시요.

일히도 새도 없고、
나무도 꽃도 없고、
쨍 쨍、永劫 (영겁) 을 볕만 쬐는 나 혼자의 광야에
온 몸을 벌거벗고
바위처럼 끓어、

귀、눈、살、터럭、
온 心魂 (심혼)、全 (전) 靈 (영) 이
너무도 뜨겁게 당신에게 닳습니다.
너무도 당신은 가차히 오십니다.

눈물이 더욱 더 맑게 하여 주십시요.
땀방울이 더욱 더 진하게 해 주십시요.
핏방울이 더욱 더 곱게 하여 주십시요.

타오르는 목을 추겨 물을 주시고、
피 흘린 상처마다 만져 주시고、
기진한 숨을 다시
불어 넣어 주시는、

당신은 나의 힘.
당신은 나의 주.
당신은 나의 생명.
당신의 나의 모두.……

스스로 버리랴는
버레같은 이、
나 하나 꿇은 것을 아셨습니까.
또약볕에 氣盡 (기진) 한
나 홀로의 핏덩이를 보셨습니까.

遊星哀歌 (유성애가)

피 먹은 구름
바람에 찢겨 가고、
싱싱한 나뭇잎들 불 맞어 떨어지고、
밤마다 부헝새가 저렇게 울면
그 찬란한 네 날은 언제 오는가.

푸른 저 골짜기선
누가 앉아 우는가.
뷘 저 벌판에는
누가 서서 우는가.
밤마다 반짝이던 푸른 별만 떨어지고、
劫火 (겁화) 같은 밤 불이 저렇게 오르면、
그 찬란한 네 날은 어디메서 오는가.

별 지듯、 낙엽지듯、
끓는 가슴 분안은 채 벗들은 작고 가고、
바다에선、 육지에선、

펄럭이는 旗幅(기폭) 마다 낡은 빛깔뿐.
외쳐오는 구호마다 녹쓴 소리뿐.
골마다 낙엽처럼 서러움만 쌓이면,
그 찬란한 네 날은 어드캐서 오는가.

말하라. 다만, 너, 말하라.
죄그만 죄그만 이 인간들의 골짜기
눈물 어린 외로운 遊星(유성) 위에는
屢(누) 수만 오랜 오랜 세월을 두고,
어둠을 밝히려다 홰를 든 채 쓸어진
꽃 같은 핏방울이 울며 스며 있거니,
말하라. 아아, 여기사 이미,
간 날로 서러움은 족하니라고.……
진정 와야 할
그 찬란한 네 날은 언제 온다고.……

旗 (기)

기! 그것은,—

찬란하게, 우리 앞에 나부끼어야 한다.

바람결 따끝마다 흐려져 온 것, 미처 뛰는 물결마다 휩쓸려 온 것, 아우성의 자자마다 찢겨져 온 것,

그것은,—

어쩌면 핏빛, 어쩌면 별빛, 어쩌면 초록, 어쩌면 눈물, 어쩌면 꿈! 어쩌면 활활 타는 불꽃빛으로, 가슴마다 살아 있어 나부끼는 것,

펄펄펄펄 蒼穹(창공) 위에 펼쳐 오르면, 저마다의 旗(기) 폭들이, 아늑하게 한 폭으로 피어 살아 오르면, 우리들의 눈은 다시 부시어져온다. 가슴들이 둥둥 새로 띄어 부퍼 온다. 피가 더욱 새로 맑아 펄떡여져 온다.

기! 다시 오른 기폭은 찢겨지지 않는다. 펄펄펄펄
기폭에서 빛발들이 흩는다. 펄펄펄펄 기폭에서
꽃가루가 흩는다. 기를 향해 우리들은 행진을 한다.
파다아하게 모여 들어 새로 뽑는 합창. — 손벽들을
흠뻑 친다. 하얀 새를 날린다. 눈빛 같은 하얀 새떼
파닥파닥 날린다.

기! 그것은, —
우리들 젊은, 우리들 뛰는, 가슴마다 당신께서
주신 것이다.
기! 그것은, —
기적처럼 찬란하게, 당신께서 우리 앞에 날리셔야
한다.

밤의 무게

밤이 작고 가라앉는다. 안개처럼 자욱하게 가라앉는 밤.— 가라앉는 밤에 안겨 마을들이 잠긴다. 꽃밭들이 잠긴다. 떠나가는 고운 깃. 나비. 나비. 나비. ……

가라앉는 밤에 싸여 樹木(수목)들이 잠긴다. 산악들이 잠긴다. 바알갛게 단풍이 진 절정들이 잠긴다. 銀脈(은맥)처럼 뻗어 나간 밤이 품은 꿈. …… 은맥처럼 번쩍이는 산이 지닌 꿈. ……

가라앉는 푸른 밤을 먼 별이 당긴다. 은실처럼 줄져오는 푸른 별의 입김들. …… 별의 줄에 딸려 도는 밤에 잠긴 지구! …… 꿈을 앓는 지구! …… 별을 앓는 지구! ……

밤이 작고 발열한다. 밤이 작고 上氣(상기)한다. 타오르는 붉은 볼. …… 밤은, 고운 밤은,

어둠 속 가장 안에 꽃을 겹겹 깐다. 가장 熱(열)
한 별을 맞아 잉태를 한다. 밤의 입덧. 뒤착어려
앓는다. 풍선처럼 부풉는다. 어질뜨린다. 별이여、
사랑이여. 별이여、 사랑이여. 별이여、 사랑이여.
닳아 오는 꿈에 스쳐 다시 타는 혼. ……

밤이 돈다. 별이 핑핑 닳아 돈다. 번쩍번쩍
불꽃. 휩싸오는 熱(열)한 바람. 별이 더욱
가차웁자 더욱 오는 밤의 아픔. —이윽고 펑!
…푸른 물이 터져올라 깔려 나간다. 새로 치는
파돗소리. …… 새로 치는 날갯소리. …… 귀를 씻고
빠져나올 휘동그란 태양. …… 새로 빠져 솟아 나올
올리이브빛 태양. …… 별을 먹고 꽃을 먹고 밤이
낳는 태양. …… 꿈을 먹고 나빌 먹고 밤이 낳는
태양. ……

2

아침에

신이 오른 듯、—
가슴에서 목구멍이
벅차오르며、
팔다리가 올라가며、
호흡이 멎어지며、
못 견디게 황홀한
아침이 있습니다.

웃식어려 져、
해를 늘름 삼켰다가
해를 토한 듯、
못 견디게 승리로운
아침이 있습니다.

소리치는 금 빛깔
알말을 타고、
별에서 별에로
쩡겅 쩡겅 달리는、
못 견디게 호사운
아침이 있습니다.

저、 이글대며 올라오는
해의 은저릴、

나 혼자 타고 도는
아침이 왔습니다.

아하,
무엇 때문에
나 혼자 헬어 보는
아침이 왔습니다.

오월의 기도

오오、이보다도 더 싱싱하고、이보다도 더 푸른、
이보다도 더 따스한、봉우리를 주옵소서、주여.

너무도 섬세하고、너무도 다정하고、이 미칠 듯이
찬란한 햇살이 쬐여주되、너무도 푸른、너무도
아늑한、너무도 포근한、하늘이 안아주되、

어떻게、더 먼、더 꼭한、더 못 견딜 영원을
기약하곤、이내 돌아서서 가시는 당신의 뒷모습을、
멀리까지 멀리까지 바라보기 알맞은 그러한 봉우리를
주옵소서、주여.

바다를 밟고 오신 싱싱한 바닷내와、헤쳐 오신
산길의 싸리꽃낼 풍기시며、멀리서 다시 이내
기적같이 오시는、오오、언제까지나 당신을 기다리어
서있기에 알맞은、그러한、푸르고 찬란한、
눈물겨운 봉우리를 주옵소서、주여.

감람산 밤에

—어디쯤 쭈크리고 앉아 있었을지요.

몽치와 環刀(환도)와 밧줄의 軍列(군열) 앞을
從容(종용)히 내려오신 당신의 모습을,

어느 나무 뒤에 숨어 바라 보았을지요.

베드로와 요한과 야고보와 함께
삼 년을 하루같이 따랐었다는
나도 그때 당신의 제자였다면—,

닭 울기 전
거듭 세 번 몰랐담을 뉘우쳐 통곡하던, 당신의
늙은 제자
베드로는 그래도
가야바의 뜰에까지 따라래도 갔지만,

오오、
중얼거리며 나는
잡히시는 그 자릴 피해 달아 숨은 채
감람산、
어느 나무 뒷그늘에 혼자서 쭈크리고、

당신과 또 스스로의 배반을
몇 줄기의 눈물론들 뉘우쳐나 봤을지요.

부활절 別篇 (별편)

비둘기가 나는 소릴 들었습니까.
열 마리, 백 마리, 수만 마리 비둘기가,
쏴, 와, 와, 와, 쏴, 와, 와, 와, 날아
내려오겠지요.
어머님의 어깨에나 내려 앉아 주겠지요.
— 꾸룩, 구, 구, 구, 꽃잎처럼 가벼이.……

학이 떼가 우는 소릴 들었습니까.
목이 길단
열 마리, 백 마리, 수만 마리 학떼들이
눈이 부신 날개로
찌르릉, 찌르릉, 울며 훨훨 날겠지요.
어머님의 볼아에나 내려 앉아 주겠지요.

눈처럼 펄, 펄, 펄, 펄, 꽃잎들이 오는 데서,
그냥 막, 어머님의 가슴이고 활짝 활짝 피이는 데서,
무엇이고 무엇이고

못 견디게 좋은 데서、
나는 그때는、 비둘기를 타겠어요.
나는 그때는、 학의 떼를 타겠어요.
(당신도 그때는 나를 따라 타세요.)

은실로 엮어 짜서 꽃바구닐 만들어、
쏴、 와、 와、 와、 파닥이는 비둘기 뗄 타던지、
금실로 엮어 만든 안장에 앉아
훨 훨 훨 너훌대는 학의 떼를 타던지、

참말로 먼 먼 섬을 찾아 가겠어요.
눈물도 없고、 죽엄도 없는、
칩지도 않고、 더웁지도 않은、
배도 안 곺으고 아픈 일도 없는、
한번만 젊어지면 늙지도 않는、
구슬 같은 파도가 기슭에 부서지는、
언제나 아침뿐인、
먼 먼 푸른 섬엘 찾아 가 살겠어요.

너는

눈물이 글성대면、
너는 물에 씻긴 흰 달.
달처럼 화안하게
내 앞에 떠서 오고、

마주 오며 웃음지면、
너는 아침 뜰 모란꽃.
모란처럼 활작 펴
내게로 다가오고、

바닷가에 나가면、
너는 싸포오…….
푸를 듯이 맑은 눈 퍼져 내린 머리털
알빛같이 흰 몸이 나를 부르고、
달아나며 달아나며 나를 부르고、

푸른 숲을 걸으면、
너는 하얀 깃 비둘기.
구구구 내 가슴에 파고들어 안긴다.
아가처럼 볼을 묻고 구구 안긴다.

아침의 시

흰 옷을 입으시면
당신은 갈매기…….
저 푸른
바다를 바라보고
앉아 보아 주십시요.

누구가 어쩌는가 그칠 줄을 모르는、
거슬려 다시 말려 흐느껴 달아 오는、
파도! 파도!
저、파도! 하얀 파도!
수백 또 수백 만 천 또 만 천의
물살을 보십시요. 쭉지들을 보십시요.

흰 물살 하나마다 새로 살아 올라
쏼쏼쏼 깃을 치며 날아 오는 것、
하얀 깃 푸른 넋 바닷 넋들이、
오、내 사람

《오도》

당신이 앉은 데로 살살이 옵니다.

바다를 바라보고
사려 앉아 주십시요.
못 견디게 바다가 가슴을 설레우면,
당신의 흰 옷은 바다의 갈매기……
깃을 치는 바닷 넋
당신은 갈매기……

오, 언제쯤,
저 먼 어느 深海(심해) —
햇살들의 숲속에서
새의 떼는 올까요.

설레는 바닷가슴 밝은 빛의 숲으로
물살들이 당신을 맞아가려 오면,
수 수백 수 만천의 다른 깃에보다도
오, 내 사람,
그 속 가장 속의 더욱 따스한
당신의 옷깃으로 나를 휩싸 주십시요.

산에 살어

산에 왔다、숙아. …… 산에、산에、나 홀로
왔다 숙아. 억새풀 서슬져 우거지고、가시덩쿨
얼크러져 둥주리 지고、짐승들도 무서워 울지 않는
곳、

산꽃 질려 떨고、바람 스스로 삼가고、햇볕도
웅기중기 모여 앉는 곳、먼、그 산에、나 홀로
깊은 산에 왔다 숙아.

띠끌이 싫여、저자가 싫여、세우는 핏대들과
아우성이 싫여、다만 여기 산새가 우는 대로 사슴이
오는 대로、먼 그 열 골을、나홀로 휘정청 들어왔다
숙아.

갈하면 돌 틈에 물을 따 마시고、곯으면
무르닉은 산열매 따먹고、벗은 몸 내 살은 아담처럼
가리어、해 솟는 아침이면、쩡、쩡、빼여난 봉에

《오도》

올라 울려보는 메아리.……

산꽃에 둘리워선 꽃향에 취하고、사슴과 놀다간 사향내에 취하며、낮에 홀로 졸며 깨며、뜨거히 닦아드는 해를 안고 딩굴고、밤에 먼 하늘 푸른、별을 모두 불러 울어、무릎 꿇고 눈 들어、스스로의 외롬을 하늘에 운다.

먼 첩첩、열 구비 꽃골짜기 돌아 들은 곳、내가 온 골을 딸아 너도 오라 숙아. 머리엔 고운、산꽃을 따 달어 이브처럼 꾸미고、한 아름 붉은 꽃을 가슴에 안고、여기、먼、아무도 없는 골에 천년을 살러、사뿐히 날아오듯 달려오라 숙아. 화장도 생활도 풍속도 버리고、한 천년 산에 살러 내게 오라 숙아.

海愁 (해수)

—바다는 누군가. 바다에는 누가 사나. 바다에는 누가 살기 날 이리 닮게 하나.

바다에 가고 싶어 바다엘 가도、 바다에는 하지 않은 조개껍질뿐. 바다에는 떠나도는 갈매기떼뿐. 바다에는 우쉬대는 파도소리뿐.

바다는 나를 몰라. 바다는 나를 봐도 알은 체도 않고、 저 혼자 윈종일을 넘실거리고、 미친 듯 불러 봐도 들은 척 않고、 저 혼자 윈종일을 철석어린다.

바다가 그리움도 그대 때문에、 파도가 그리움도 그대 때문에. …… 바다처럼 부퍼 오는 그대의 가슴. 파도처럼 설레오는 그대의 숨결. ……

설레는 파도 곁에 그대를 보러、 기슭에 홀로 섰는 그대를 보러. …… 물 위에 햇발 놀듯、 바람 날듯、

물결 뛰듯、 나의 마음. …… 바다로 바다로만
달리는 마음. ……

눈부시게 내려 올 꽃비를 보며、 한 바다 흩날려 올
꽃눈을 보며、 달려간다 나는 숙아. 덩、 덩、 덩、
…… 널 보러 바다로만 달려간다 숙아. ……

한 아름 海棠(해당) 꽃이

숙아· 나와 함께 산을 넘자· 하얗게 쌓여 덮인 눈 산을 넘자· 한 오리 티도 없이 하늘은 맑고、 흩날리는 보래 눈 바람도 없다· 눈 위를 부시게 해가 쬐인다· 너를 바라 내가 홀로 여기 서 있다·

숙아· 눈 산을 내가 온 길 밟고 오너라· 고운 볼 붉게 닳며 올라오너라· 언제는 푸른 풀이 자라나던 곳、 언제는 진달래랑 붉었던 곳에、 하얗게 눈만 쌓여 포근해 있다· 하늘로 뿜는 숨이 얼어 오른다·

눈 산을 넘어가면 바다가 보이리라· 초록빛 술렁대는 바다가 보이리라· 그 멀리 보랏빛 돛폭 하나 안 밀려오고、 귀 익은 角笛(각적) 소린 안 들려 와도、 바다는 바라보면 설레 오는 곳、 바다는 제절로도 숨이 닳른 곳、 진종일 무에라고 지저려 주는、 초록빛 부퍼 오는 바다엘 가자·

봉숭아랑 피던 뜰억 벗어 버리고、당꼬추랑 널던 집웅 돌아다보며、눈 산을 손을 잡고 넘어 내려가、푸른 빛 바닷가에 나란히 앉자. 우리들 앉은 자리 새 풀이 돋고 한 아름 해당꽃이 솟을 때까지、무에란 바닷소리 귀에 들으며 별 따신 바닷가를 거닐며 살자.

오 바다

날이 날마다 옘에 뫼어 나 혼자 앓는 줄을 아나.

모닥불이 타오르듯 가슴 속이 타, 온 몸이 닳아 옴을 어쩔 줄이 없어,

너 가슴, 푸른 가슴, 부푼 가슴에, 나를 안아 당겨서는 으깰 가슴에, 물 밀 듯 나도 밀고 나가 부딪쳐, 이 한 몸 구슬 되어 슬어지고저. ……

바다야, 푸른 가슴 나의 파도야. 불러봐도 찢어봐도 어쩔 수가 없는, 나 하나 너 때문에 말라 가는 것,

오, 다만, 다 말고 산드라니 너만 남아라. 나도 없고 산도 없고 마을 마자 없이, 온 통히 한바다로 네가 출렁거리면,

부푼 네 가슴에 푸른 가슴에, 불타가 터지다가 타오르는 것, 내 가슴 맺힌 피가 어려 오르는 한 송이 장미꽃은 피어나리라.

4

아버지

철죽꽃이 필 때면、
철죽꽃이 화안하게 피어 날 때면、
더욱 못 견디게
아버지가 생각난다.

칠순이 넘으셔도　老松(노송)처럼 정정하여、
철죽꽃이 피는 철에 철죽꽃을 보시려、
아들을 앞세우고
관악산、
서슬진 돌바위를 올라가셔서、

철죽나물 캐어다가
뜰 앞에 심으시고
철죽꽃이 피는 것을 즐기셨기에、
철죽나물 캐어 드신
흰 수염 아버지가
어제같이 산탈길을 걸어 내려오시기에、

철죽꽃이 피는 때면、
철죽꽃과 아버지가
한꺼번에 어린다.

물에 젖은 둥근 달

달이 솟아오르면、
흰 옷을 입으셨던
아버지가 그립다.

달 있는 川邊(천변) 길을
늦게 돌아오노라면
— 두진이냐…?
저만치서 커다랗게 불러 주시던
하얗게 입으셨던 어릴 때의 아버지.……

사월은 가신 달、
아아、철죽꽃도 흰 달도
솟아 있는데、
손수 캐다 심어 놓신
철죽꽃은 피는데、

어디 가셨나.
큰기침을 하시며、
흰 옷을 입으시고
어디 가셨나.

《오도》

고향

고향이란다. 내가 나서 자라난 고향이란다. 그 먼, 눈 날려 휩쓸고, 별도 얼어 떨던 밤에, 어딘지도 모르며 내가 태여나던 곳, 짚자리에 떨어져 첫소리 치던, 여기가 내가 살던 고향이란다.

靑龍山(청룡산) 옛날같이 둘리워 있고, 우러르던 옛 하늘 푸르렀어라. 구름 피어오르고, 송아지 울음 울고, 마을에는 제비 떼들 지줄대건만, 막쇠랑, 북술이랑, 옛날에 놀던 동무 다 어디 가고, 돌이만 나룻 터럭 거칠어졌네.

이십 년 흘렀는가, 덧없는 세월. …… 뜬 구름 돌아오듯 내가 돌아왔거니, 푸른, 하늘만이 옛처럼 포근해 줄 뿐, 고향은 날 본 듯 안 본 듯하여, …… 또 하나 어디엔가 그리운 고향, 마음 못내 서러워 눈물져 온다.

엷은 가을 볕. 외로운 산기슭에 아버님 무덤. 산딸기 빠알갛게 열매져 있고, 그늘진 나무 하나 안 서 있는 곳, 푸른 새도 한 마리 와서 울지 않는다. 石竹(석죽)이랑 산국화랑 한 묶음 산꽃들을 꺾어다 놓고, — 아버님! …… 부를 수도 울 수도 없이, 한나절 뷘산에 목메여 본다. 어쩌면 나도 와서 묻힐 가슴에 뜬 구름 바라보며 호젓해 본다.

5

학

푸른 하늘을 날으며 돈다.
하늘에서 하늘로 종일을 우날어도
어느 바닷가
흰 깃을 사려 접어 앉을 곳 바이 없는,
너는 목이 긴 한 마리의 학.……

바다들은 설레여 몸부림치고
산에도 마을에도
타오르는 꽃 같은 불길 무데기,
거리마다 번져 가는 피의 무늬를
하늘을 우날으며 너는 본다.

어느 별 위에 앉었다 왔나.
푸른 하늘만을 너훌거려 온
눈보다 흰 깃에 상처를 입어,
찢어진 깃 위에 도는 이슬,
이슬같이 방울져 피가 맺힌다.

굽어 보고 울라, 아직도 너는.……
황금빛 따신 볕이 네 깃을 쬐여 주고,
네가 내려 쉬일 곳
바다가 잔잔하면,
거리마다 다시 넘쳐 꽃수레가 가면,

나도 날아 깃을 치듯
바닷가로 가리니、
너는 이 거릴 혼자서 걷는
나보다도 서러운 목이 긴 학.……

《오도》

달과 말

말이 운다. 여섯 필 은빛 말이 달을 보고 운다. 달 아래 흘러가는 강을 보고 운다. 산을 보고, 들을 보고, 저잘 보고 운다.

우, 우, 우, 오, 호, 호, 호, 호! 말이 서로 크게 울면, 열두 겹 산골작이 쩌르러룽 운다. 산 위에 혼자 걸린 푸른 달이 흔들린다. 강이 가다 흔들린다. 뻑국새가 자다 깬다. 펄펄펄펄 만발했던 산벚꽃이 진다. 철쭉꽃이 진다.

여섯 필 은빛 말이 볼을 서로 비비댄다. 여섯 필 은빛 말은 어느 나랄 쫓겼는가. 수말은 어미말이, 어미말은 망아지가, 보릿골을 딸아 오던 망아지가 그립다. 열두 알 푸른 눈에 이슬들이 어린다. 푸른 달이 어린다. 푸른 별이 어린다. 후룩, 투 루 루 루, 콧구멍이 시다. 자다 깬 뻑국새가 뻑 뻑 구욱 울고 간다.

여섯 필 은빛 말이 절정으로 오른다. 기우는 달빛 밤을 절정으로 오른다. 푸른 잎 달그늘에 은빛 등이 젖는다. 수풀 하나 밖에마다 하나씩의 달이 있다. — 절정으로 올라서면 해가 솟는가. 막 모두 새로 날뛸 해가 솟는가. …… 절정과 한바다와 새로 솟는 태양과······ 여섯 필 은빛 말이 솟구치며 운다.
달을 보고、 별을 보고、 솟구치며 운다.

《오도》

벗에게

여기、마을마다、웅기중기、떠들썩하고 살던 사람들이、어느 날、하나도 없이 다 어디로 가버리고、바람만 부는 밤、하늘에 뿌리어졌던 별들마저 쓸려가 버리고、푸른 수목들이 떨며 울고、모든 禽獸(금수)、魚蟹(어해)들이 눈물짓고、적은 곤충들마저 엎드러져 哭(곡)하는 곳에、만일、그대만 혼자 휘젓이 남는다면、그대는 어찌겠는가.

그 볼이 고운 소녀 하나、벙글대는 아가 하나 만나 볼 수가 없고、서로 따뜻이 만나면 잡고 흔들 손길 하나 없어、너무도 혼자라 서러워질 수조차 없는、그런 날이 찾아온다면、그대는 어찌겠는가.

또 어짜면、저、푸른 산도 들도 다 없고、짐승들、새들、적은 버레들마저 다 간곳없고、또 어짜면、그대와 인류들이 오오래 營營(영영)하며 戀戀(연연)히 애착하던、저 도회와、촌락과、온갖 이 지상읫 것이란 다 形骸(형해)도 없이 재만 남아、새금파리、무쇠쪼각、팃검불 하나 없이 다 타고 재만 남아、無漠(무막)하고 凄然(처연)한 그 가없는 벌판、차겁고 쪼각진 뷘 달만 떠서 비취는 곳에、요행히 홀로 그대만 남아 섰는다면、

그대는 어쩌겠는가.

그러면 그대는 그대의 부모를, 그대의 어린것을, 또는, 아니, 그대가 못 견디게 사랑하는 연인의 이름을 부르겠는가. 또는 하느님을 부르겠는가. 한 곡의 노래를, 한 줄 시를 읊겠는가.

갈 날도 오는 날도 생각할 결이 없어, 그대의 연인도, 그대의 이름조차도 필요하지 않는, 아아, 보이는 곳은 다 虛漠(허막) 만 한 벌판에 서서, 그대는 그때 입을 열어, 누구의 이름을 부르겠는가. 그대는 그때 입을 열어, 무슨 말을 지꺼리겠는가.

그러나 벗이여. 저렇게 푸른 저 하늘이 보이는 한, 저렇게 따뜻한 저 햇볕이 쬐이는 한, 저렇게 천진한 저 아가들이 뛰노는 한, 저렇게 눈이 맑은 저 소녀들이 보이는 한, 저렇게 고운 고운 들풀꽃이 피는 한, 저렇게 潑剌(발랄)한 저 새가 와서 우짖는 한, 저 또, 착하고 어질은 수수한 사람들, 그들의 눈망울에 눈물들이 있는 한, 오, 우리가 기도하면 받으시는 하느님이 계신 한, 나는 믿겠노라 그렇게 되지는 않으리라고.……

꽃 피고、 크고 열매 맺는 곳、 푸른 저 산과
들에 폭은히 안겨、 사랑과 눈물들에 따뜻이 젖어、
인간들은 오래 오래 살으리라고. …… 간 날을 두고
두고 얘기하면서、 오는 날을 오래 오래 기다리면서、
뿌리 뻗듯、 잎이 피듯、 인류들은 茂盛(무성)하며
살으리라고. ……

섬에서

파도가 막 치밀어 오르는 것이었다.

나는 먼 어느 커다란 섬 가운데 혼자서 서 있는 것이었다.

섬에도 어둠이 와 있는 것이었다.

나뭇잎이 조용하게 떨고 있는 것이었다.

나는 이상하도 멀리 이 섬의 주위, 가에서 가까지, 나무 한 그루 풀 한 포기, 돌 한 개, 작은 꽃떨기 하나까지라도, 낱낱이 환하게 바라볼 수가 있는 것이었다.

파도는 온 섬 주위에서, 일제히 한 순간에 치밀어 오르는 것이었다.

그것은 저 솟아오른 산만큼씩한, 그것은 실로 상상에도 絶(절)하는, 엄청나게 커다란, 그러한 파도인 것이었다.

그것은 마치 어느 거대한 수리가 깃을 치듯, 수리가 죽질 펼듯, 물살을 치거슬러, 소리치며,

소리치며、 달려오르는 것이었다.

그것은 급한 바람、 ─ 일시에 휘몰아치는、 급한
바람결과 같은 것이었다.

저 하늘까지 다어 설듯 쏴아 ─ 쏴아 ─ 섬 위로
섬 위로 들 치달아 오르는 것이었다.

그것은 신이 나게、 씨원한 것이었다.

그것은 신이 나게、 장쾌한 것이었다.

하늘도 푸른 채요、 햇살도 따신 채로 쬐이고 있는
것이었다.

다만 억세게 억세게 파도만이 치달으며 울부짖는
것이었다.

드디어 파도들은、 일제히、 한꺼번에 몰려 달어
부드치는 것이었다.

섬 한복판으로 파도 떼가 몰려 닫자、 커다랗게
커다랗게 부드치는 것이었다.

물기둥이 하나 오르는 것이었다.

파도가 부드치자、 하늘까지 쭈욱 뻗혀、 커다란
한 줄기의 물기둥이 오르는 것이었다.

그러나 그것은 분명히 물기둥이었지만、 그것은
정말은 물기둥이 아닌지도 모르는 것이었다.

그것은 저 白熱 (백열) 한 불! …… 번개같이
백열한　커다란　커다란　불기둥인지도　모르는
것이었다.

기둥은 뻔쩍! 번개같이 치오르곤、 까맣게 쭈욱
뻗혀 하늘로 치오르곤、 이내 아모것도 없었듯이

없어지는 것이었다.

섬이 삽시간에 없어진 것이었다.

빨리우듯 삽시간에 살아져버린 것이었다.

바닷물이 그 자리에 일렁대는 것이었다.

일렁대는 바다에선, 하얀 학이 한 떼를 날아오르는 것이었다.

섬이 잠긴 물속에서 한 마리, 또 한 마리, 열 마리, 백 마리, …… 또 백 마리, 천 마리……

작고만 학이 훨훨 날아오르는 것이었다.

저마다 기다란 슬픈 소릴 뽑으며, 하늘로 하늘로들 날아오르는 것이었다.

아가 학도 몇 마리 따라 날으는 것이었다.

멀리로 멀리로들 살아져 가는 것이었다.

하늘은 여전히 푸르렀는 것이었다.

바닷물도 여전히 찬찬한 것이었다.

나도 하얀 한 마리의 학이 될 것이었다.

바람이 불어 오오

— 白泉(백천) 형에게

바람이 불어 오오. 어둡는 사막에서、 어머니도
없는 아버지만의 아버지가、 어짜면 임박해서 불시에
엄습해 올지도 모르는、 일히 혹은 사자 떼들의
위험에서、 그 어린것들을 피해 주기 위하여、
걸음을 어서어서 성화같이 재촉하는 것 같은 바람이
불어 오오.

적은 저 풀잎、 키 높은 저 숲의 나무들에게、
적은 저 땅버러지에서부터、 굶주린 저 짐승의 떼에
이르기까지에게、 분명히 무엇인질 알게 하기 위하여、
분명히 무엇인가를 일깨우기 위하여、 저 작고 우쉬、
우쉬쉬쉬、 바람이 불어 오오.

어짜면 더 거세게 불어 올、 어짜면 또 영영 쉬지
않고 불어 올、 어짜면 저 집、 저 나무、 저 산들、
어짜면 또 저 하늘의 온갖 별들까지、 낙엽 쓸듯
쓸어 내려 버리는、 그러한 바람으로 사나워질지도
모르는、 아아、 저 바람소리.…… 바람소리.……
끝이 없이 불 것 같은 폭풍소리.…… 바람소리.……

차겁고 거센、 저 미칠 듯한 바람은、 아、 어짜면
또 더 급한、 백열하게 뜨거운、 놀랍게도 煌煌
(황황) 한、 그러한 바람결로 변할지도 모르오.

온갖 것 다 휩싸、온갖 것 다 살워、그 아모러한 것의 존재도、그 아모러한 것에의 사고의 기틀도 허락하지 않는、얼마나 熱(열)하고、얼마나 威(위)하고、얼마나 또 급한、그러한 불바람이、아아、삽시간에 혓발처럼 지내갈지도 모르오. 번개처럼 팔、팔、팔、지내갈지도 모르오.

폭풍이 지내가면、—

그 크낙한 불바람이 지내가고、오오랜 오오랜 날이 가면、

차겁고 뷘 막막하던 벌판에、언제 애뒨 그、또 하나의 햇볕이 따뜻이 쬐여오고、어짜면、또 그 낙엽처럼 쌓여있는 별과 별의 벌판에서、아름다운 새싹들이 조용조용 돋아나고、또 돋아나는 싹들에서、그 여리고 그리운 한마디 한마디식의 새로운 발음들이 틔어 날、그러한 어떤 크낙한 날이 오면 —、오、형! …… 그때 그곳을 서성거려、어떻게 누가、어떠한 웃음을 지어 볼 수가 있을까요. 어떻게 누가 어떠한 눈물을 또 지어 볼 수가 있을까요.

흰 탑과 어둠과 아침바다 종소리와

어둠입니다. 어둠이 물결처럼 밀려옵니다.
발목에서 무릎, 무릎에서 배꼽, 배꼽에서 가슴,
가슴에서 목으로…… 어둠이 온 몸에 잠겨 옵니다.
찰름찰름 어둠이 부퍼 넘쳐 옵니다.

꽃가룹니다. 홍건하게 꽃가루가 떠서 옵니다.
꽃이팔이 나비처럼 떠서 옵니다. 눈이 부신 보드라운
날개쭉지들, 나비들이 꽃잎처럼 떠서 옵니다.
외쳐도 아무들도 대답이 없습니다. 무겁게 어둠으로
꺼져가는 종소리…… 어둠의 종소리가 들려 옵니다.

기웃둥…… 커다랗게 한 바퀴 돌았습니다.
번개처럼 한 바퀴 돌았습니다. 빛 빛 빛
빛살입니다. 어둠을 물리치고 올라옵니다. 어둠을
훌훌 삼켜 올라옵니다. 눈이 부신 영롱한 빛살들을
보십시오. 휩싸오는 빛살 같은 물살들을 보십시오.

처음에는 암청에서 다음에는 雅靑 (아청)
빛, 희뿌우연 회색에서 보랏빛으로, 보라에서
활활 타는 다홍빛으로, 다홍에서 오렌지빛,
오렌지서 또 보라로, 보라에서 비취빛, 비취에서
연옥색, 다음에는 쌧하얀 白鷗 (백구) 빛으로……
휩싸옵니다. 날쳐옵니다. 솟쳐올라 솟쳐올라

휘말립니다. 바람처럼 물살처럼 밀려와선 내 몸 뒷등에서 앞으로, 앞에서 뒷등으로, 못 견디게 빛발들이 싸오릅니다. …… 바다! 바다! 바다! 바다!…… 바닷결이 내 몸등을 싸올립니다. 하얗게 몰켜치는 은 통이 한바다가 새하얗게 몰켜치는, 하얗게 물결 쳐서 휩싸서 올라가는,

깡깡 돌아 오르는 탑의 꼭대기, 까맣게 솟쳐 오른 바다 끝에 섰니다. 탑에선 꼭대기선 오, 보세요. 저렇게 붉은 것이 안겨 옵니다. 나긋나긋 솟는 해가 안겨 옵니다.

오, 저, 울려나는 종소리… 탑에서 먼저 한번 뎅 — 하고 울려 나자, 온 바다 물살에서, 온 바다 빛살에서, 일제히 종소리가 울려 납니다. 은으로만 만들은, 금으로만 만들은 열, 백, 만, 아이 적은 종 큰 종들이, 수천만 야만만이 솟아 오는 종소리가, 물살처럼 울려 나와 퍼져 갑니다. 빛살처럼 눈부시게 울려 납니다. 뎅응 — 왕그렁 — 들 울려 납니다. 어둠이 이야기는 끝이 납니다.

《인간문명》

自序 (자서)

《거미와 星座 (성좌)》 이후의 작품들 중에서 42편을 추렸다.

시집 이름을 《고독의 강》으로 할까 하는 데 많은 애착이 갔으나 결국 작품 세계의 경향성보다도 그 체험적인 깊이와 보편성 등의 비중을 생각해서 《인간밀림》으로 정했다. 작품 제작 연대도 1958년에 쓴 〈오늘도 아기는 오시네〉 외의 한두 편을 제외하고는 모두가 1961년에서 1963년에 걸친 거의 최근의 작품들이 되는 셈이다.

이 시집을 내도록 주선해 주신 一石 (일석) 李熙昇 (이희승) 선생의 간곡하신 惠慮 (혜려)와 출판을 快諾 (쾌락)해 주신 일조각 韓萬年 (한만년) 사장의 후의에 깊은 감사를 드린다.

여러 모로 수고를 아끼지 않은 素鄕 (소향) 형의 정의에 대해서도 고마운 마음을 표한다.

1963년 7월 15일

신촌에서 박두진

I

자는 얼굴 I

내 자는 얼굴을 보아라.
먼 옛날 구름 밖의 푸른 바닷벌
어릴 때 방황하던
꽃빛 꿈을 보아라.
마지막 사막 저편 기적의 장미에게
찔리어 뿜어 올린 심장의 裂痕(열흔)을
하늘에 화석하는 학의 무늬 보아라.
날개에 매달리는 절벽들을 보아라.

당신의 사랑 앞에

말씀이 뜨거이 동공에 불꽃 튀는
당신을 마주해 앉으리까 랍오니여.
발톱과 손바닥과 심장에 생채기 진
피 흐른 골짜기의 조용한 오열
스스로 아물리리까 이 상처를 랍오니여.
조롱의 짐승소리도 이제는 노래
절벽에 거꾸러짐도 이제는 율동
당신의 불꽃만을 목구멍에 삼킨다면
당신의 채찍만을 등빠디에 받는다면
피눈물이 화려한 고기비늘이 아니리까 랍오니여.
발광이 황홀한 안식이 아니리까 랍오니여.

《인간밀림》

팔월의 강

팔월의 강이 손뼉 친다. 팔월의 강이 몸부림친다.
팔월의 강이 고민한다.
팔월의 강이 침잠한다.

강은 어제의 한숨을, 눈물을, 피 흘림을, 죽음들을
기억한다.

어제의 분노와, 비원과, 배반을 가슴 지닌
배암과 이리의
갈라진 혓바닥과 피 묻은 이빨들을 기억한다.

강은 저 은하계 찬란한 태양계의
아득한 이데아를
황금빛 승화를 기억한다.

그 승리를, 도달을, 모두의 성취를 위하여
어제를 오늘에게, 오늘을 내일에게 위탁한다.

강은, 팔월의 강은 유유하고 왕성하다.
늠름하게 의지한다. 손뼉을 치며 깃발을 날리며, 오직
망망한 바다를 향해 전진한다.

계절

바다가 부풀던 언덕의
깃발이 썩는 것과
외로운 등불이 썩는 것과
비탈진 과원의
능금이 썩는 것은 같은 때다.

밤이 산맥을 포옹하는 덤불의
배암과 승냥이가 생식한
입술과 뱃바닥을 스스로 저주하고
사슬에 끌려가는 눈벌판의
발가락이 썩는 것은 같은 때다.

달고 황홀하던 어릴 때의 무지개와
청춘 적 오색기와
황금마차의 꽃보래를 환상하던 우리들의 실패는
山頂(산정)에서 낙하한
잠수부의 실패는 같은 때다.

《인간밀림》

어두운 습지에서 도살당한
양 떼의 붉은 간과
문둥이의 난만과
果木(과목)이 썩어 가는
밤바람의 향기여.

응결된 빙하는 완벽한 비등점
죽음과 사랑
기도와 참회는
영혼을 물들이는
마지막 노을 꽃.

내일을 내다보는, 늙고 하얀
올빼미 하나
계절이 그 불꽃과 영원한
냉각을 마련하는 늪가에
혼자서 떨고 있다.

熊 (웅)

— 휴전선에 爆死 (폭사) 한

내가 죽이리라.
너희들이 내 몸뚱일 터뜨렸구나.
내가 죽이리라.

가죽이 필요하냐?
내가 죽이리라.
발바닥이 필요하냐?
내가 죽이리라.

두고 온 어린 새끼
못 만나 본 짝이여.
살다가 온 골짜기여.
못 밟아 본 산줄기여.

칙칙한 나무 숲
하늘 편히 트이더니,
돌아가누나. 내 살점 경련하며 황토 흙으로.

《인간밀림》

돌아가누나. 내 핏줄 굽이치며 뜨건 강으로.

내가 죽으리라. 언제까지 이대로 두 눈 뜨리라.
내가 죽으리라. 언제까지 이대로
심장 뛰리라.

綠陰 (녹음)

파도가 미쳐서 종일
절벽에 부딪쳐
흐느끼고、
하늘이 파아랗게
끊어진 반 허리 상처를 굽어보는
조국은 바야흐로
무성한 신록·
그늘이
그 햇살
찬란한 은총의 날개 밑에
전율하고
풀 향기 물씬대는 아、
사랑하는 사람들의
사랑하는 조국·
옛날이 얼룽진
핏무늬에 얽혀 젖어오고
내일에의 기대가

그 죽음과 허무의 까만 씨앗 속
현란한 장미 빛에
움트는
햇살이어!
바닷가에 혼자 앉아
파도를 조용히 굽어보는
생각하는 등빠디를 뜨거이 쬐는 부피.
이제는
누구와 되불러도 우리는 고독
절규로 피 외쳐도
당신은 침묵
전신이 찬란하게 바다를 걸어오는
그 빛에 색맹하여
두 눈 가린다.

고독의 강

빛에서 피가 흐르는
강
고독이 띄우는
찬란한 꽃불은
밤이다.

짐승과 짐승들이 일으키는
내일의 종말을 위한
끊임없는
교역,

도마 위
푸른 칼 앞에
움직일 수도 없이 눕는
평화와 자유여.

오랜 앞날에

오늘의 밤을 증언할
고양이의
불붙는 눈과
목으로 토하는
가마귀의
피 기록.

바람이 술이 되고
햇볕이
눈물이 되고
저승과 이승을 위한
늙으신 주례는
지금 침묵.

무덤과 혼례를 장식할
최후의 꽃다발은
이미 짓밟힌
절망의 진눈개비.

잘 길들은
식민지의 지성이 선량해서
밤이 편쿠나.

펄럭이던
깃발의 신호가 내려지자
구름과
바람마저 반란하는

벌판、

비둘기가
그 짝의 이름을 외우다
쓰러져 간
고독한 강가에、

늙은 눈먼 청동 말 하나
먼 노을을 향해
떨면서 울음 운다.

《인간밀림》

인간밀림

머리와 심장에
폐와 간에
불타는 갈증을 느낄 때
줄기찬 초록빛
원시의 비를 나는 기다린다.

등줄기를 씽씽
수직으로 두들길
싱싱한 빗발 같은
원시의 햇살을
위하여
겹겹으로 덧입은
문명의 의상을 벗으면、

나는
번들대는 구릿빛
적나의 사나이
근육이 얼룽진 푸른 산맥으로
불거진
사납고 순수한
원시의 인간이 된다.

독한 꽃내에 질식해 기절하고

끈끈한
흡반 같은 나뭇잎에
살갗을 찢기우고,

가시에 마구 찔려
여린 선혈을 땀으로 이겨 흘리며
떨어져도 떨어져도
일어서는 것은,

그 원시의 암벽을
기어 오른
그 암벽 막바지의
태초의 하늘
푸르고 투명한 하늘이 아직도
있기 때문이며,

노랗고 붉고
찬란하고
눈부신
휘황하게 선회하는
열렬한 햇살

푸짐하게 쏟아져 내리는
햇살이 아직도 있기 때문이다.

오장을 꺼내내어
하늘 푸름에 씻고
육부를 내어 널어
햇살에 훨훨 말리울
보드랍고 나긋나긋한
태초의 그 바위
깨끗하고 쫀득쫀득한
바위가 아직도 있기 때문이다.

아、
간을
폐를
심장을
대소장을 내어널어
햇살 아래 말리면
말끔하게
씻어 바래어
다시 걷워 차곡이면、

새로 돌아 샛빨간 싱싱한 혈맥
상처들이 아물고
독이 가신다.
윙— 윙 혼 속에서
불바람 소리가 인다.

죽음이 또
허무이
절망이 그 밑바닥서
새로 뿌는 파릇소리

이글대는 한복판이
태양이 아들
나는 그 때
비로소 승리로운
햇살이 나라이 패왕이 된다.

나는
독사와 꽃
독수리와 절벽
암표범과 숫사자
능구리와 꽃두께비
독나비와 해골과
옹색한 골짜기를 사랑한다.

독사들이 기어올라
가슴팍 속으로 파고든다.

《인간밀림》

심장과
허파와
늑골을 뚫고
닐름대는 주둥이가
옆구릴 통해 나온다.

내가 먹은 꽃
하얀 꽃은 하얀 새
붉은 꽃은 붉은 새로
독사들이 새가 되어
꽃새가 되어 날아난다.

독수리들이 날아와 앉아
가슴을 팍팍 쪼아대고
살점과 꽃무늬와
꽃무늬와 피!

절벽이 무너져 음악이 울면
부딪쳐 오는 이마
나비가 날아
햇살을 뿌리면
독수리가 퍼덕여
비둘기가 된다.

암표범이어!
내가 너를 사랑하는
암표범이어!

숫사자와 능구리와
두꺼비와 독나비
모두가 모두 내 새끼 같은
내 새끼 같은 사랑이어!

암표범을 쓰다듬어
자장갈 불러 잠재우고
숫사자들을 나란히 거느리고
산책을 한다.

능구리와는 햇볕에 누어
창세기를 읽고
독나비 나래를
이마로 먹고
폭포 앞에 가
씻는다.

아、 이 때
용설란 어두운 그늘에서
누군가가
나를 겨눠

독 묻은 화살로 쏜다.
앙가슴을 화살이 박혀
솟쳐내리는 피!

굽이굽이 고웁게 흐르는
꽃강과 같은 혈하
마지막 태양을 동공에 새겨
화살을 뽑아
입에 물면
먼 하늘 아득한 은하의
낮별이 흐느껴 비가 온다.

인간 밀림은
고독한 밀림
음모와 배신과 시기가 뒤엉킨
인간 밀림은
처절한 밀림
탐욕과 저주와 살륙이 무성한、

인간 밀림 모두의 위에
억수 비가 내려라.
인간 밀림 골짝마다
불이나 활활 붙어라.

아、
그렇지만 인간 밀림은
그래도 우리와 나의 사랑

모두가 모두 무성하며
한 하늘 아래
수런대는、

인간 밀림 하늘에서
초록 비가 내려라.
인간 밀림 하나 가득
햇살이 펑펑 쬐어라.

《인간밀림》

II

水深 (수심)

일렁여
밀려가는
水深 (수심) 은
천 길

굽어보며
海面 (해면)
앞에
앉아 있으마.

덜미에는
둥근 白日 (백일) 이
오랜
스스로의 고독을
내게 얘기하고

내가
비로소
노년이 된
거칠은 손가죽을
맞부빌 때

그럴 때

너는
먼 먼 또 하나의
내일 속에
있거라.

그 때
파도가
내 귀를 와서
씻을 때

바람이
내 사상을
실어 갈 때
나는 한 덩이
묵묵한
바닷가의
암석으로 있으마.

한 조각
하이얀
貝殼 (패각) 으로
잠들마.

《인간밀림》

道峯暮日 (도봉모일)

— 어른이 된 숙에게 —

온 골 푸른 잎새
빼어난 절정

連峯 (연봉) 고운 어깨 위의
은빛 이마여!

봉우리 사이사이 뒤로 비치는
먼 서해 잠겨가는 눈부신 落日 (낙일)

떠나서 돌아가다 되돌아보는
설레어 못 잊어운 연정은 바다 깊이 ……

소리쳐 소리 높여 너를 불러도
말 없는 푸른 심해 헛된 울림아.

어찌료? 어찌료?
오늘 진종일

네 품 속 갈피마다 나를 안았던
의젓한 부푼 가슴 어진 마음아.

오늘 밤도 내일도 또 만 년 뒤에도
이대로 내가 간 채 너는 섰겠지.

그냥 오래 말이 없이
너는 섰겠지.

나 하나 훌훌하게 떠나간 뒤에
깊은 밤 별을 이고 想(상)에 젖거든, 산이어!

먼 데도 지켜보는 인자로운 눈
포근한 보금자리 산윗새들보다는

이대로는 못 가눠 갈 그리움의 출렁임
외론 거릴 방황하는 나를 지켜라.

《인간밀림》

天摩山 (천마산) 미로

잃어버렸네.
잃어버렸네.
나 혼자 산중에서 잃어버렸네.
갈、
물푸레、
단풍、
싸리、
보얗게 보오얗게
삼대처럼 빽빽한
산비탈과 절벽
봉우리와 골짜기
ㅣ 엇 호오이…
ㅣ 엇 호오이…
산 첩첩
여기서는
메아리도 침묵
잡목 숲 숱한 데서
잃어버렸네.
한나절 머리 위엔 해가 떴더니
한나절 수풀 틈엔
하늘 빤히 있더니
두메산 칠십 리 길 혼자 잃었네.

불그스레 골짜기 달

달이 치솟는

보름달이 물밀어도

잃어버렸네.

《인간밀림》

사랑이 나무로 자라

바다로 돌담을 넘어
장미가 절망한다
이대로 밤이 열리면
떠내려가야 할 끝
그 먼 마지막 언덕에 닿으면
꽃등을 하나 켜마.

밤 별이 총총히 내려
쉬다 날아간
풀 향기 짙게 서린
바닷가 언덕
금빛 그 아침의 노래에
하늘로 귀 쫑기는
자유의 전설이 주렁져 열린 나무 아래
앉아 쉬거라.

사랑이 죽음을
죽음이 사랑을 잠재우는
얼굴은 꿈, 심장은 노래
영혼은 기도로 가득 찬
또 하나 바벨탑을 우리는 쌓자.
파도가 절벽을 향해

깃발로 손짓하고
사랑이 나무로 자라
별마다 은빛 노래를 달 때
그 커다란 나무에 올라
비로소 장미로 지붕 덮는
다시는 우리 무너지지 않을
눈부신 집을 짓자.

《인간밀림》

상한 장미

꽃잎에 비가 치고 바람이 일고 있다.
절벽 높은 데서 바다를 선률하던
그 피 뱉어 붉게 타던
슬픈 장미여.
낮에는 금빛 햇살
낮의 탕아를
밤에는 푸른 별빛
밤의 탕아를
손짓해 끌어당겨 가슴에 逸樂(일락)하던
한때는 황홀했던 아픈 꿈이어.
그 얼룽진 나비가 빨고 가고
그 윙윙대는 꿀벌떼 쏘고 가고
깜장벌레、깜장벌레、
아、이제는、
반짝이는 버러지떼 甲蟲(갑충)이 와 씹고 가는
배암이 와 감고 가는 끈진 발자국、
바닷가 절벽 위의 상한 花芯(화심)을
무자비한 비바람이 짓이기고 있다.

너의 눈그늘

눈을 떤 때로 들어라.
눈을 들면 먼 하늘
잔잔한 수면

햇살에 빛 흐르는 멋멋한 으루나무
푸른 숲 숲그늘이 호수에 잠겨

아침 잠 눈을 부빈 목마름을 축이는
뿔이 있어 威儀(위의)로운 나는 숫사슴.

잿빛 유유한 구름이 방랑을, 창백한 悔悟(회오)
하는 낮달의 고독을,

오만한 낮이 제왕 해가 건는 걸음거림
수면 속에 비춰 보는 맑은 고요여!

바람이 희살칠 땐 어지럽는 네 얼굴

《인간밀림》

별이 잠겨 반짝일 땐 法悅 (법열) 하는 가슴아.

먼 데로 눈을 들어 하늘 열어라.
하늘이 거울 잠긴 호술 열어라.

푸른 눈섭 그늘 아래 향기로운 휴식、
너의 湖面 (호면) 바람결로 나를 재워라.

갈대와 학

밤바다 갈대숲에
비가 내려라.
바람 미쳐라.

오래 서서 침묵하던 학떼들이 날아간
갈대숲 바람결의 바다는 오열.

미쳐서 밀려오는 해일에 공포하여
愴慌 (창황) 하게 遁走 (둔주) 하는 밤의 바람결
어둠 속에 번뜩이는 푸른 비수여.

밤이 밤을、 바람이 바람을、 갈대가 갈대를、
비수가 비수를 겨눠、
서로 찔러 섬뜩이는 피에 젖은 함성이어.

오오래 내려오며 바다가 밤을
오오래 내려오며 밤이 그 바람을

《인간밀림》

갈대가 바람을 하늘이 갈댈 믿던
그런 것이 무너지는 배반하는 밤이어.
그런 것이 배반하는 아수라의 밤이어.

먼먼 하늘에도 별이 부딧쳐
갈대숲 바닷가에 낙하하는 쪽지들
피 흘려 갈대숲에 별이 박혀 죽으면

흩어지는 별의 쪽지、 달의 파편、 피 묻어
얼룩지는 운석들이 쌓이는
갈대숲 모래밭의 질척이는 신의 눈물、

언제 다시 그 때 밤에 별이 촉촉 피어나
화석이 된 하늘 날개 학의 떼가 풀리면

온 하늘 푸름 멀리 하얀 깃이 뿌리는
바닷가 갈대숲에 눈이 쌓여라.

장미가 날개 속에

장미가 날개 속에 모가지를 묻는다.
이제사 나는 장미의 죽음
후광이 바다로 비늘져 떨어지는
마지막 袂別(몌별)이
애수에 융화한다.
목이 그 날개 속
스스로의 자비에 도사려 찾아들고
날개는 경련을 외로움을 멈추고
푸른 빛 먼 피안으로 저어 가는
밤 바다 물결 위의 짧은 흐느낌.
식어 가는 따뜻한 장미 체온과
무한회귀 無回歸(무회귀)이 하늘대는 꽃잎
장미 고운 終焉(종언) 앞에 눈물 적신다.

《인간밀림》

黃菊 (황국)

먼 햇살 넋이 엉겨
숭어리져 솟은 얼굴

인연의 그 창 변두리
싀싀로운 해후여

안에 깊이 가라앉힌
하늘 푸른 가을 마음

체념의 모래벌이
강을 따라 펼쳐 간

강물 푸른 물무늬 속
흔들리는 그림자.

강물이 저절로듯
저절로인 기약의

다시는 못 돌아올
꽃띄움의 흩날림

창 아침 햇살 가의
서른 해후여.

천마산 躑躅(척촉)

햇살에도 촉촉하게 이슬 젖는다.
너 혼자 긴 꽃목 볼이 수줍은

어느 나랄 추방된 아름다운 넋
헤매다 지쳐 잠든 고운 얼굴아.

다시 피어 내 앞에 꽃으로 와 서서
어찧다 지는 해에 눈물짓느니

안으로 느껴 울고 울면서 말이 없는
화안하게 켜든 볼에 온 골이 물들어

나도 따라 서서 우는 호젓한 골짝
마주 보며 서로 격한 천리 먼 강아.

나 지금 너의 앞에 어쩔 줄이 없는
두 영혼 하나 되어 꽃으로 탄다.

《인간밀림》

너는 왜 노래를 하지 않니

햇살이 저렇게 황금빛 纖纖(섬섬)한 낮을 하고
그 스스로의 황제에게 네 노래를 바치고자
기다리고 섰는데、
바람이 저렇게 지나가다 발을 멈춰 먼 바닷가
그 죽은 이의 무덤에 네 노래를 전하고자 기다리고
섰는데、
바위가 저렇게 꽝꽝한 몸뚱이를 네 곁에 웅크리고
오랜 침묵과 忍辱(인욕)의 그 어둠을 황홀히
밝히고자 기다리고 엎뎠는데、
달팽이、달팽이……옛날 한 절지기가 그 종소리를
그리듯
노을 속에 두 뿔을 쫑깃대며 앉았는데、

너는 왜 노래를 하지 않니?

내 시의 나무에 피는 잎이 옛날처럼 이제는
보드랍지 않니?
내 시의 나무에 오르는 물줄기가 옛날처럼 이제는
싱싱하지 않니?
내 시의 나무에 피는 꽃이 옛날처럼 이제는

향기롭지 않니?
내 시의 나무에 돋히는 가시가 옛날보다 이제는
너무 끝이 독하니?
내 시의 나무가 가리키는 하늘의 별들이 옛날처럼
이제는 애띄지 않니?

너는 왜 노래를 하지 않니?

《인간밀림》

가을 노래

— 청송이래도 가을 되면 훌훌 낙엽진다 하느니……

가을은
자연이
그 스스로 분방했던 정열의 상처를
가동그려
뜨거운 회오와
쓸쓸한 체념과
푸른 고독과 예지 속에 침잠하는
조용한 발작소리.

노오랗게
또
붉게 타는 果園(과원)
그 숙명의
어쩌지 못할
인연들을
아픔으로 결별하는
가을일래
뚝 뚝 듯는
외로운 나뭇잎들.

생명을
일찌기
그 스스로가 배태했던

알맹이에 다져넣어

어디 어느 때
먼 뒷날 다시 있을
부활을 염원하곤
대지로 歸一(귀일) 하는
알 알의 결실이어.

이 때
수리는 깃을
산짐승은 털을 갈고
배암은 땅 속 깊이
동면을 예비하는,

이 때
소년은 감상을
청년은
사상을 영글리고
노인은
먼
지난날을 회오할

《인간밀림》

따스한 양질 찾는、

가을 ―
하늘이 높아 올라
강물 더욱
맑아지고
단풍이 짙어 가면
서리 내리리.
서리가 땅 덮이면
눈보라도 치리.

자는 얼굴 II

내 자는 얼굴을 보아라.
순금빛 태양들이
주저리 주저리 열려 있는
하늘 먼 궁륭 밖의 빛의 물결 보아라.
왕관은 들어 올려 별을 향한 보아라
피어 잦은 영원을
애띤 꿈을 보아라.
언젠가는 서로 모여 하나의 강을 이룰
그리워 흐느끼는 빛의 흐름들.
죽음이 따로 없어 영혼 좋구나.
조국이 따로 없어 육신 좋구나.
사상이 따로 없어 자유 좋구나.

《인간길림》

거울 앞에서

어머니를 생각하며 거울 앞에 선다.
거울 속 먼 하늘 오월 푸르름
그 속으로 다가오는
어머니의 얼굴

희끗희끗 희신 머리
이마에는 주름살
어글어글 크신 눈과 짧은 인중이
정정하고 인자한 옛 음성이

밥 먹어라. 등이 춥지 않니?
차 조심해라. 너무 남의 앞장서지 말어!
에이그 쯧쯧! 몸조심 하라니까?
시장하지 않니?

걱정스런 큰 눈에 여위신 얼굴
억세어진 손마디에 작달막한 키 …
거울 속 머얼리서
가까이로 오시는
어머니의 그 음성과 어머니의 그 모습 …

새벽이면 언제나 은은한 기도소리
밤이면 등잔불에 성경책을 읽으시던

짬짬하게 꿇고 앉아
삯바느질을 하시던,

어머니, 어머니,
내가 아무리 어른이 되었어도
어머니를 생각할 땐 나는 어린애
어머니의 그 품이
따스하게 그리운 —

아, 어머니를 생각하며 거울 앞에 선다.
내 얼굴 모습
내 눈, 내 코, 내 입이 닮았다는
생각에 잠겼을 때는 외로 꼬는 고개
먼 데를 응시하는
그 버릇이 닮았다는

어머니가 보고 싶어 거울 앞에 선다.
내 얼굴을 비춰 보면 어머니의 모습
멀리서 가까이 가까이서 멀리로
분명히 어려 오는 어머니의 모습이
곳천히 삼삼 오는 어머니의 얼굴이

나도 희끗 머리 세며
여위어 가는 모습
하늘 먼 거울 속의 푸르름이 어린
내 얼굴 그 닮아서 어머니가 어린다.

《인간밀림》

Ⅲ

전설

서리 서리 능구리가 감아 오르는데
잔허리를 능구리가 감아 오르는데
가슴과 모가지와
모가지와 코밑
혓바닥이 코밑으로 닐름거려 오르는데
종소리는 아직도
울지 않는데
까투리야 까투리야
나는 그 새파란
비수라도 한 자루 있어야겠다.
손아금에 비수 하나
쥐어야겠다.

꽃사슴

꽃이김에 모가지가
난만해져 있었다.

피 뻗혀
서른 울음.

간밤에 極光(극광) 하나
피고 있었다.

넋이는 고운
칠색.

金剛(금강)에,
금강에,

푸른 물이 눈동자를
씻고 있었다.

입 한번 다물으면
영원한 침묵.

《인간길림》

두 뿔은 먼
성좌에 걸어 놓고、

네 굽、
네 굽、

까만 굽이 산줄기를
뛰고 있었다.

白樺(백엽) 하얀
山峽(산협).

방울 방울 땅에 젖어
꽃피 淋漓(임리) 떨구며、

골골을 못 잊어워
울어예는 사슴.

한밤에、
한밤에、

모가지가 꽃에 척척
이겨지고 있었다.

—한밤중 누군가에 목이 잘려 죽은…

별이 별더러

별이 별더러 죽이란다. 새가 새더러 죽이란다. 별이 새, 새가 별더러, 풀이 풀, 벌레가 벌레더러 죽이란다. 꽃은 꽃더러 죽이란다. 죽이란다. 피를 흘려. 피를 흘려. 뚝 뚝 뚝 피를 흘려……

눈이 멀이란다. 짐승들이 사람더러, 사람들이 짐승더러, 짐승들이 짐승, 사람들이 사람더러, 눈이 막 멀이란다. 귀가 막 멀이란다. 입이 막 멀이란다. 콧구멍이 멀이란다. 울지도 못하란다. 노하지도 격하지도 죽어지도 못하란다.

미치란다. 날더러. 아, 파도가 불길, 불길이 파도더러, 제 먼저들 미쳐서는 날더러 미치란다. 햇살 아래 천지가 새하얗게 밝은 데서 이렇게좀 날더러 화능 화능 미치란다. 이렇게 좀 이렇게 좀…….

《인간밀림》

해변의 사자
— 청동사자상 緣起 (연기)

가슴에 불이 일 땐
볼을 부비자.

설렁설렁 모래벌
바다를 따라 내려.

갈기머린 바람 날려
물보래에 적시자.

내일의 꽃을 위해
오늘은 피를 보던.

잔잔한 파도 결엔
발톱을 씻자.

아、 란란히 해를 쏘는
너、 눈의 불은 쓰다듬어 파도에 서늘히고

어금니、 어금니、
다시 있을 피를 위해 어금니는 기르자.

첩첩한 산을 울려 무너뜨리던
포효는 깃발、 깃발로는 돛을 펼쳐.

먼、 돛으로는 출렁이는
파도를 밀고 가자.

한 바퀴 바달 돌 때、 언제쯤은 사자여!
어금니로 피를 흘려 낡은 해를 죽이면、

아으、 하기해、 아기해、
비둘기가 꽃날리는 비둘기에 싸여、

너와 나는 다시 한 번
더운 볼을 부비자.

아기해를 씻겨 내곤
바다에 울자.

《인간밀림》

칼새

누구가
눈을 쬤나
쪽지를
쬤나.
밤 바다
어둔 하늘
헤쳐
나가는
스스로 불 밝히는
푸른
눈동자.
별과 별이 곤두박쳐
엇갈리는
하늘을、
날개 쳐
넋이 훨훨
초록빛
간다.

불멸의
금빛 부리
죽음을
절벽 뚫는

하늘 저쪽
어둠 밖은
하얀
모래벌.
하이얗게 죽어 널린
비둘기 떼
그 위에、

모가지야
울어 예단
꽃필 토해 뿌리자.
일제히
꽃필 받아
비둘기가
날면、
비로소 나도 그 때
바닷가에
내려、
날개 차곡
사려 접곤
한 천년
쉬자.

《인간밀림》

소

푸른 하늘인들 한 줄기 선혈을 안 흘리랴?
의지의 두 뿔이 분노로 치받을 때

태산인들 딩굴으며 무너지지 않으랴?
전신이 노도처럼 맞받아 부딪칠 때

오늘 한 가닥 고삐에 나를 맡겨
어린 소녀의 이끌음에도 순순히 따라 감은

불거진 멍에에 산 같은 짐을 끌고
수렁에 철벅거려 종일을 논 갈음은

네 굽 놓아 내달리는 벌판의 자유
찌르는 뿔의 승리를 모르는 바 아니라

오늘은 오오래인 오늘은 다만 참음
언젠가는 다시 벅찰 크낙한 날을 위하여

눈 스르르 감고 새김질하는 꿈 한나절
먼 조상 포효하던 산악을 명상하고

뚜벅 뚜벅 한 걸음씩 절렁대는 요령에
대지 먼 외줄기길 천 리를 잰다.

IV

선언

우리는 우리의 새로운 내일의 언덕을 略取 (약취)
하는 맹수이고자 한다.
　우리는 우리의 새로운 내일의 바다를 밀고 나갈
파도이고자 한다.
　우리는 우리의 새로운 내일의 대지를 기름지울
피와 땀이고자 한다.
　우리는 우리의 새로운 내일의 결실을 약속하는
씨앗이고자 한다.
　우리는 우리의 새로운 내일의 지혜를 축적하는
배암이고자 한다.
　우리는 우리의 새로운 내일의 역사를 계시하는
나팔이고자 한다.
　우리는 우리의 새로운 내일의 평화를 꽃날리울
비둘기이고자 한다.
　우리는 우리의 새로운 내일의 조국을 전진시킬
수레바퀴이고자 한다.
　우리는 우리의 새로운 내일의 승리를 펄럭거릴
기수이고자 한다.

新生(신생)의 노래

바람 풀리리.
그 죽음이 생명보다 강하지 못한 것을
얼어 색막하던 눈보라의 벌판에
사랑이어. 훈훈한 봄바람 불면
三冬(삼동)을 견뎌내며 죽어 잠자던
풀뿌리 나뭇가지 새눈이 트는 소리……

강이 풀리리.
그 압제가 관용보다 강하지 못한 것을
서슬져 꽝꽝했던 푸른 강 얼음
사랑이어. 훈훈한 봄바람 불면
삼동을 견뎌내며 죽어 잠자던
은비늘 고기떼들 지느러미 치는 소리……

별이 풀리리.
그 어둠이 밝음보다 강하지 못한 것을
갇혀 충충하던 산골짜기 동굴에

《인간밀림》

사랑이어· 따스한 햇살이 들면
삼동을 움츠리고 죽어 자던 짐승들의
햇살에 눈부비며 기지개 켜는 소리……

피가 풀리리.
그 인내가 자유보다 강하지 못한 것을
스스로를 얼궈오던 젊은 마음에
사랑이어· 훈훈한 봄바람 불면
삼동을 기다림에 지지눌렸던
피 끓어 가슴마다 심장이 뛰는 소리……

새날에

우리는 우리들의 내일의
새로운 파도를 일으키기 위하여 일어나자.
우리는 우리들의 내일의
새로운 씨앗을 뿌리기 위해 피와 땀을 붓자.
우리는 우리들의 언덕에
우리들의 피로 젖은
자유의 깃발을 꽂자.
우리는 우리들의 슬픈 어제
우리들의 분열 우리들의 증오 우리들의 앙갚음
우리들의 배반 우리들의 헐뜯음을
일체의 어제의 것을 기억하지 말자.
그대로 맥박 치는 한 빛깔로 붉은 피
그대로 고동하는 심장과 심장을
아, 맞대자.
가슴과 가슴을 피와 피를 맞대자.
뜨거운 겨레 안에 스스로를 죽이자.
한 알 씨앗이 떨어져 대지로 돌아가듯

《인간밀림》

한 줄기의 실개천이 바다로 합쳐 가듯
우리는 어제를 오늘에게 오늘을 내일에게
내일을 영원에게 영원에게 묻자.
그리고 일어나자.
우리들의 어린 것 우리들의 다음 겨레 우리들의 조국
우리들의 다음 역사
영원한 삶을 위해
우리는
우리들을 묶어온 비운의 쇠사슬
피 묻은 쇠사슬을 불을 모아 끊자.
우리는 우리들을 가둬온 육중한 불행의 문
절망의 무쇠문을 일제히 밀자.
우리들의 앞에 열릴 새 바다를 펼치자.
우리들의 앞에 날릴 새 깃발을 꽂자.

아、조국

한번쯤은 오늘 아침 조국을 불러보자.
한번쯤은 오늘 아침 스스로를 살피자.

바람과 햇볕살과 강줄기와 산맥 사이
살아서 길리우다 죽어 안겨 품에 묻힐、

조국은 내가 자란 육신의 고향
조국은 나를 기른 슬픈 어머니.

백두 먼 천지 위에 별이 내리고
남해 고운 한라 아래 파도 설레는

지금은 열에 띄어 진통하는 조국의
지금은 안에 끓어 신음하는 자유의

한번쯤은 눈을 들어 조국을 불러보자.
한번쯤은 오늘 아침 스스로를 살피자.

《인간-밀림》

깃발은 불멸의 것 기리 휘날릴
이념이 녹슬으랴 겨레 사람아.

가슴은 조국의 것 기리 뜨거울
사랑이 가라앉으랴 한 피 사람아.

있어서는 안 될 날이

사십사 년 전이면 반 세기
이제는 아득히 전설로 밀려가는
그 뜨거운 피의 전설
오늘은 3·1 만세 독립선언 기념일
또 한 번 피울림이
마음을 와 때린다.

맨주먹으로 놈들의 칼을 막고
알가슴으로 놈들의 총알을 막고
아 플래카드도 없이
낡은 트럭 하나 라우드스피커 하나 없이
구호도 단 하나 윗마디로 외치던
만세、만세、독립만세、만세!
그 파다아하던 피외침이 가슴을 와 때린다.

탑골공원서 육조 앞에서 구리개에서
감영 앞에서 남대문에서

《인간밀림》

아니 수원、 천안、 아내장터서
여주、 이천、 안성장에서
전라、 경상、 충청、 함경도에서、 평안도에서
논두렁에서 예배당에서 오막집에서
절간에서 산골짝 바닷가에서
외치다 쓰러지다 칼에 찔려 죽어 간
레지스탕스.

아、 할아버지 할머니 아버지 어머니
누이 누이동생 아우와 아저씨
아주머니 아낙네 눈 먼 이 벙어리까지
청천에다 외치고 피를 뿜어 밀고 가던
상투와 쪽머리와 머리꼬리 감발 짚신
방방곡곡
농민과 노동꾼과 평민과 약한 이들의

민주주의보다는 민족주의
민족주의보다는 독립자주주의
그것보다는 동포애、 혈족애로
뜨거운 핏가닥
가슴과 가슴의
눈과 눈、 마음과 마음
피와 피의 天理 (천리) 를 믿었을 뿐인
아、 3 · 1 절 아득한 날
피가 우는 전설

오늘 우리는

그 때 피불로 외치던 3천리 강산이
그 반쪽에서
안으로 쌓여가고 밖으로 조롱받는
아득한 그 피울음은 어디가 어떻게 부딪칠까?
청천만 우러서 곪아터져
아무에게도 말이 없다.

겨레와 나라가 사는 길이라면
뭉쳐서 피 외쳐 살릴 길이라면
아, 3·1날 같은
4·19 같은
비가운 비극
장렬한 희생
아름다운 불행한 날 없어야겠다.
없어서는 안 될 날이 또 없어야겠다.

《인간밀림》

3월 1일의 하늘

유관순 누나로 하여 처음 나는
3월 하늘에 뜨거운 피무늬가 어려 있음을 알았다.
우리들의 대지에 뜨거운 살과 피가 젖어 있음을 알았다.
우리들의 조국은 우리들의 조국
우리들의 겨레는 우리들의 겨레
우리들의 자유는 우리들의 자유이어야 함을 알았다.

아, 만세, 만세, 만세, 만세! 유관순 누나로 하여
처음 나는
우리들의 가슴 깊이 피터져 솟아나는
비로소 끓어오르는 민족의 외침의 용솟음을 알았다.
우리들의 억눌림, 우리들의 비겁을
피로써 뚫고 일어서는
절규하는 깃발의 뜨거운 몸짓을 알았다.

유관순 누나는 저 오르레안, 쨘다르끄의 살아서의 영예
죽어서의 신비도 곁들이지 않은
수수하고 다정한 우리들의 누나,
흰옷 입은 소녀의 불멸의 순수
아, 그 생명혼의 고갱이의 아름다운 불길의
영웅도 신도 공주도 아니었던
그대로의 우리 마음 그대로의 우리 핏줄
일체의 불의와 일체의 악을 치는

민족에의 순수결정 조국에의 꽃봉이다.

아, 유관순, 누나, 누나, 누나, 누나,
언제나 3월이면 언제나 만세 때면
잦아 있는 우리 피에 용솟음을 일으키는
유관순 우리 누님 보고 싶은 우리 누나
그 뜨거운 불의 마음 내 마음에 받고 싶고
내 뜨거운 맘 그 맘속에 주고 싶은
유관순 누나로 하여 우리는 처음
저 아득한 3월의 고운 하늘
푸름 속에 펄럭이는 피깃발의 외침을 알았다.

《인간밀림》

분노가 잠간 침묵하는

햇볕이 뜨겁게 흐르다가
꽃구름 피보래로 하늘이 그믈다가
물밀어 솟쳐올라 피불로 폭발하던
오늘이어! 사월달
오늘의 그 4·19여.

자유가 鬼畜(귀축)의 독재의 칼뿌리에
정의가 아수라의 폭력의 몽둥이에
민권이 잔학한 총아가리 앞에 쓰러진
아、세종로、중앙청 앞、효자동、경무대 길
피로써 피를 씻던
분노의 날의 몸써리여.
아프던 날의 기억이어.

젊음이 피로 적신 조국의 자유
주검을 밟고 넘어 다시 외친 민권이
깃발이 그 승리가 오늘은 어디?
혼령들 잠잠하고
전우 오늘 말없구나.

양의 피 뿌려진 길에 이리 다시 으르대고
젊음이 뿌린 그 꽃길 위에 잔당들 발호하고
파쟁은 이제 바야흐로 또 절정

자유가 그 암담 앞에
민권이 그 폭풍 앞에 질식하는
사월이어 꽃구름
분노가 잠간 침묵하는、
그 암울한
조국의 내일 앞에 4·19고나.

《인간밀림》

6월 애가

그들은 그날 모두 죽어서 갔고
우리는 오늘 여기 살아남았네.

피로 물든 그날의 강에 강이 말 없고
피로 물든 그날의 산에 산이 말 없고,

죽음들이 쌓였던 거리에
햇볕만 쬐네.

아, 붉은 피나 씻기 위한 조국의 강물
백골이나 묻기 위한 조국 황토여!

죽은 이는 죽어서 망각의 저 편
산 이는 살아서 내일을 마련하네.

6월은 분노의 달
그 혼령 잉잉대는

뜨거운 뙤약볕의 푸른 하늘아.
혼령이나 왕복하는 조국 하늘아.

그들은 그날 모두 죽어서 갔고
우리는 오늘 여기 살아서 사네.

강물은 흘러서 바다로 간다

아、 8·15 참 잘도 돌아온다.
벌써 열여섯 번째란다 오늘이 ……
그 동안 우리
해방、 38선、 미군정、 독립、
6·25、 4·19、 그리고 오늘 5·16이 오기까지
퍽은 많이도 겪었구나 끔찍하고 큰일들을
살과 간을 저미고、 뼈를 가는 아픈 일들을.

그렇게도 그것이 어려운 것이었을까?
「민주주의」라는 것、
그렇게도 그것이 힘드는 일이었을까?
이미 남들은 다 졸업하고 벗어버린
버얼써 다져 넣어 주추 밑에 처박아버린
「자유주의적」「민주주의적」「자유민주입헌제」의
공화제도가 ……

백성이 나빠설까?

《인간밀림》

너무 모두 못나설까?
우리들의 핏줄, 뼈다귀,
우리들의 종자가 고약해설까?
남북, 동서, 우리들의 주위의
갈수록 더 찍살을 놓는 저 이민족떼들의 탓일까?
아, 그 동안 죽이고 찢고 하며 공화국이 두 번씩
피로는 江河(강하)를 백골로는 산을 이뤄
짓밟고 짓밟히고 거꾸러지고 지랄을 쳐도
그랬어도 이 백성은 천덕꾸러기냐?
「후진국」에 「열등민족」 불쌍한 족속이구나!

8·15 우리 오늘 열여섯 번째의 맹서
또 한 번 잘살기를 기약해 보자.
서로서로 사랑하고 스스로 책임지고
골고루 일하고 평등하게 먹고
한 마음으로 아껴 사는 자랑스런 나라
바르고 즐겁고 힘차고 참되게
사는 것같이 살아보기를 다시 한 번 맹세하자.

어제는 이미 어제, 오늘은 오늘
강물은 흘러가면 바다에 가 닿는 것
죽은 것은 죽은 자로 장사하게 하라.

어제의 뼈아픔은 오늘의 승리
오늘의 어려움은 내일에의 영광으로
진정한 자유를 깨끗한 자유를
싱싱한 자유를 자랑에 찬 자유를

우리들이 누려 가질 우리의 자유를 위하여、

「조국」! 「민족」! 이제야 우리를
우리들의 강산에 새 기치를 휘날리자.
우리들의 혈맥에 북을 울리자.
귀에는 나팔、 가슴에는 불을.

아、 오늘의 우리의 저 앞에 있는 자유공화국
피에 젖어 찢겼으나
우리에겐 눈부신
「자유주의적」「민주주의 공화제」의
살고 싶은 새 나라
그 앞길 한복판을 피로 달리자.

《인간밀림》

V

당신의 눈에 부딪칠 때

아무 데서나
당신의 눈에 부딪칠 때
타올라 미쳐 뛰는
내 안의 마음이
잔잔하고 푸른 강으로
가라앉게 하소서.

아무 데서나
당신의 눈에 부딪칠 때
노루처럼 비겁한
내 안의 결단이
칼날진 발톱
사자처럼 영맹히 덮칠 수 있게 하소서.

아무 데서나
당신의 눈에 부딪칠 때
사막처럼 팍팍한
내 마음 메마름에
뜨거운 눈물
연민의 폭포 강이 출렁이게 하소서.

아무 데서나
당신의 눈에 부딪칠 때

아직도 못다 올린
새 깃발을 위하여
피 흘려 넘어져도
달려가게 하소서.

《인간밀림》

너

영혼은
바다 아침
흐느끼는
파도 여울

햇살이
당신의
빛 밝은
눈살이면

살피시압
이 영혼
홀로로운
아픔을

죽음이
무한 하늘
벼랑에
앉아 쉬고

그 꽃잎
펄펄 날려
어깨에

덧쌓이는

울으리까
이 아침
나 혼자의
모래벌

사랑이
한 떨기
꽃으로
솟아 피는

미치리까
그 여울
빛살에
빠져 앉아

출혈

채찍 갈긴 듯 채찍 갈긴 듯
엷은
바람결과 햇살에도
핏무늬가 감긴다.

꽃 배암 채색 지는 벗은 몸둥이
피에 젖은 십자목에
아슬히 달려、

그 절정
사랑에 겨워 죽은 人子人(인자인)처럼
그 위에 타오르는
피 圓光(원광)처럼、

무한 하늘 푸름 속을
꽃불 번지고
발 아래 地心(지심) 깊이 피의 강이 흐른다.

아무도 못 어쩌는
내일에의 피 흘림
영혼의 내출혈이
바다가 된다.

고원

먼 안개
파도 소리.

구비 밖의
자욱한
娑婆(사바)여.
사바여.

너 서신
아침 고원
높고
희신
이마、

이제사 꿇는 무릎
끈적이는
피 이슬에、

《인간-밀림》

귀에는 먼 언덕
바윗소리
붕괴 소리……

사바로 내리리까
랍오니여.

잎 톡톡 새로 트는
4월은
생명의 달.

뒤착이는 죽음들의
입김 밝고
뜨거워도、

랍오니여.
너 가시면
나 혼자는
적막、

스스로의 핏자죽을
생각에
잠겨
걷는、

바다로 내리리까
랍오니여.

오늘도 아기는 오시네

오늘도 아기는 오시네. 눈이 내리는 마을에 오시네.
아기가 오시면 마을에는 하얀 눈이 내리고、
하얀 눈이 내리면 마을에는 예쁜 아기가 오시네.

가난하고 허술한 말구유가 있는 마을、
그 망아지가 서서 울던 말외양깐처럼、
외롭고 쓸쓸한、쓸쓸한 마을의 사람들을 위하여、
외롭고 쓸쓸한、쓸쓸한 사람들의 마을에 오시네.
눈이 내리는 마을에 오시네.

오늘도 아기는 오시네. 눈이 내리는 마을에 오시네.
굶주리고 헐벗은、 그리고 마음이 가난한 사람들을
위하여、
굶주리고 헐벗은、 그러한 사람들의 마을에 오시네.
눈이 내리는 마을에 오시네.

눌리우고 시달린、 서럽고 약한 사람들을 위하여、

《인간밀림》

눈물과 피와 피눈물을 흘리는 사람들을 위하여、
그러한 눈물과 피를 흘리시러 오시네.
눈이 내리는 마을에 오시네.

눈이 내리는 가난한、 적은 등불이 켜져 있는
마을에 오시는 아기는
고요히 잠자시는 귀여우신 아기……
아기의 고운 볼엔、
포근하고 조용한 평화가 깃들고、
따뜻하고 아늑하신 사랑함이 깃들고、

그리고 아기의 보드라운 예쁜 손에는
오、 십자가에 못박히울 십자가의 못자죽
십자가에 피 흘리실 못자죽이 보이네.
예쁘신 아기 얼굴 아기의 이마에는、
찔리어 피 흘리실 가시관의 자죽、
자죽마다 피가 솟을 가시관의 자죽이
흔들리는 등불 그늘 등불 빛에 보이시네.

눈이 내리는、 가난하고 쓸쓸한、 적은 마을에
오시는 아기는、
초롱초롱 두 눈엔 호수물이 잠겼네.
눈물과 서러움과 피 흘림을 위하여 강같이
흘러내릴 눈물의 원천、
아기의 맑은 눈엔 호수물이 잠겼네.
아기왕은 아가처럼 두 주먹을 빠시네.

아기의 두 주먹은 죄그마신 주먹
그 어두운, 무겁고 광광한 돌무덤을 두드려
주검문을 깨뜨려 닫힌 문을 열으실
아, 아기의 두 주먹은 보드라운 주먹
아가처럼 아기왕은 두 주먹을 빠시네.

눈이 내리는, 죄그맣고 가난한 등불이 켜져 있는,
오늘도 아기는 눈이 내리는 마을에 오시네.
눈물과 서러움과 쓸쓸함이 가득한
사악함과 거짓과 배반함이 가득한
주검들이 덧덮인 어두움의 이 골짜기엔

고우신 아기 예수 아가 왕을 위하여,
아, 이미, 이 세상엔, 피에 맺힌 가시관이 마련되어 있네.
피에 젖은 십자가가 마련되어 있네.
고우신 아기 예수 하느님의 아기는
피에 어린 가시관을 쓰시려고 오시네.
피에 어린 십자가를 지시려고 오시네.

《인간밀림》

아、 아기가 오는 밤은 거룩하고 복된 밤
하이얗게 마을마다 눈이 오는데、
마을마다 눈이 쌓여 눈이 오는데、
어두움에는 빛을 、 거짓에는 참을 、 미움에는 사랑을、 죽음에는 부활을、
생명으로 죽음들을 이기시기 위하여、
죽음에서 생명으로 구하시기 위하여、
구세주는 오시네、 어둔 땅에 오시네.

— 〈하늘에는 영광이 …… 땅에는 평화가 ……〉 —

천사들은 노래하며 다가오는데、
목자들 무릎 꿇고 동방박사 절하고
마리아는 기도하고、 요셉은 말이 없이 아길 지켜 섰는데
아기는 아기 왕은 가난한 마을
등불이 켜져 있는 외양깐에 오시네.

오늘도 아기는 오시네. 눈이 내리는 마을에 오시네.
누구나의 기다리는 어디에든지 오시네.
어디에든지 기다리는 누구의 마음에나 오시네.
누구나의 상처 입은 아픈 영혼에
누구나의 갈한 영혼 목마른 영혼에 오시네.
어디에든지 어두운 땅에 참 빛을 밝히시려
누구에든지 바라는 심령에 새 생명을 부으러 오시네.

눈이 내리는
오늘도 여기는 아기가 오시네.
하이얗게 눈이 내리는 어느 마을에든지 오시네.

《인간밀림》

해설

해와 삶의 원리

신동욱

박두진 시인의 첫 작품은 1939년 《文章(문장)》 6월호에 게재된 〈香峴(향현)〉과 〈墓地頌(묘지송)〉이다. 다음 작품은 같은 해 《문장》 9월호에 발표된 〈낙엽송〉이고, 다시 1940년 1월호에 〈蟻(의)〉와 〈들국화〉가 발표됨으로써 추천이 완료되었다. 당시의 選者(선자)는 「新(신) 자연」을 시로 형상화하여 독자적인 세계를 지니고 있음을 높이 평가했다. 이 무렵 시인은 그의 시에 관한 견해를 보이고 있는데, 개성 있는 창조에 관심을 두고 기교에 관하여 언급하고 있다. 그에 의하면 시에서의 기교는 밖으로 드러나는 수사나 외형적인 것이기보다는 시인의 내면의식을 형상화하는 개성적이고 특수한 능력을 말하는 것이었다. 이러한 개성의 존중은 시 창조에서 가장 기본이 되는 문제로서 제기된다고 하겠다. 이러한 개성의 확인으로부터 한 시인의 출발과 그 방향이 모색되고 있음을 알 수 있다.

이러한 시인의 관심은 민족문학의 특수성에로 연결되어, 민족의 고유한 문학을 창조하는 것에 더 역점을 두는 대신 외래적 요소에 대한 비판을 제기하고 있다. 민족의 전통적인 풍토에 뿌리를 내리는 시세계를 구축한다는 것은 일제 치하의

정치적 상황 하에서 매우 바람직한 생각이라고 할 수 있다. 또 그의 이러한 견해는 단순히 시 창작에서 표면적인 기교의 문제가 아니라 민족의 현실을 객관적으로 이해하고 확고한 가치를 창조한다는 뜻과 연결된다.

1946년에 《청록집》이 간행되고, 이어 1949년에 《해》가 간행되었다. 그의 초기 시와 《해》의 심상은 일제의 억눌림으로부터 치솟아오르는 凜烈(늠렬)한 아름다움을 가장 잘 나타내고 황홀한 것으로 풀이된다. 이와 같은 억눌림으로부터 치솟음의 의미는 이 시기의 시인의식을 대표하는 한 특징임은 말할 것도 없으며, 이 시인이 살았던 일제 말기의 사회적 환경이 좌절과 깊은 상관관계에서 여러 형상 요인들을 이해할 수 있을 것이다.

그의 〈墓地頌(묘지송)〉에서도 죽음을 보여 주되, 그 세속적 인식과 달리 긍정적인 미래의 의식을 태양을 매개로 하여 제시하고 있는데, 죽음의 뒤에 숨은 보다 더 힘찬 삶의 의미를 풍기고 있다. 물론 여러 비평가들이 이미 지적했듯이 그의 기독교 사상에 근거한 삶의 인식이라는 뜻도 감안해야 하지만, 이 시에서는 일제 말기의 고압적이고 비인간적이고

잔혹한 억누름을 꿰뚫고 새로운 삶에 지향하려는 숨은 뜻이 담겨 있다고 할 것이다. 그러한 詩想(시상)은 〈훨훨훨 나래 떨며〉에서 더욱 세차고 더욱 밝게 제시되어 있다.

솟으렴! 태양. …… 또 하나 궁창에서, 훨훨훨
나래 떨며 솟아나는 것, 뭇 어둠 불사르며,
이글이글 타는 얼굴 솟아나는 것,

별들 다아 새로 씻겨 빛나고, 온 누리, 눈물
어린 누리 위에, 금빛 쏴아아 내려 쬐는 빛의 줄기.
…… 유량한 울림 속에 청산은 모두 귀를 열어,
소리 높여, 일제히 노래 부를 푸른 나무들!

꽃도 새도 짐승도 새로 태어나, 밤이란 다시는 오지
않는 아침에, 하늘대는 바람 맞아 핏줄들 새로
맑고, 우르러 호흡 갈아 쉬면, 너도 나도 다 한
가지, 허파며 심장이며 새로 붉어 뛰놀고, 우리
모두 번쩍! 눈 새로 밝아지는, 눈 새로 밝아
지는, 아아, 진정 솟으렴! 태양. ……

이러한 외침은 억누름에 대한 버팀과 맞섬의 의지로 충만된 바 이 시의 화자만이 말할 수 있는 내용이며 태도이기도 하다. 위 인용된 시에 나타난 바와 같이 화자와 한국의 국토인 자연과 태양이 일체화되어 「어둠」을 불사르는 세찬 기운이 「이글이글 타는 얼굴」에 명징하게 제시되어 있다.

그러나 이러한 이기와 정열은 화자 개인의 상상적인 언어의 차원으로써 추상적이거나 관념적으로 제시되는 것이 아니라, 구체적인 겨룸과 맞섬으로 확인되고 있다.

> 이리들이 으르렁댄다. 양 떼가 무찔린다. 이리들이 으르대며, 이리가 이리로 더불어 싸운다. 살점들을 물어 뗀다. 피가 흐른다. 서로 죽이며 자고 죽는다.

위에 보이는 싸움의 의미는 이리와 양으로 각각 대립되는 현상을 통하여 선량한 존재들이 침략자들에게 희생되는 극적 양상으로 확대되고 있다. 이러한 삶의식에서 필연적으로 이기와 정열이 요구됨은 당연한 귀결이라 하겠다.

다음 시집인 《午禱(오도)》가 1953년에 영웅출판사에서, 그리고 《박두진 시선》이 1956년에 聖文館(성문관)에서 각각 발간되었다. 《오도》에 수록된 작품들은 대체로 기다림의 뜻을 중심으로 영원과 무한에의 지향을 보이며 다시 기다림의 서정이 보인다. 이러한 이면에는 일제를 견디고 이겨낸 다음에 얻은 조국의 광복이 진정한 민족적 대주체의 온전한 회복이 못 되고、6·25에서 극단적인 분열과 相殘(상잔)이 야기되고 계속됨으로써 시인은 그 온전함의 회복과 그 참된 到來(도래)를 기다리는 자세를 이룩하게 된 것이라고 생각된다.

민족적인 大(대) 주체의 온전한 확립을 성취하려는 끈질긴 노력과 그 실패의 아픈 역사 발전의 문맥 자체를 이룩하는 이중적 의미가 된다. 시인의 사명은 엄정한 눈으로 세계를 이해하고、이러한 역사 발전의 흐름을 증언적으로 또는 예언적으로 말하는 것이라고 할 때、시집 《오도》 전체에 번져 있는 기다림의 의식은 민족 전체의 소망을 대변한다고 생각된다. 그런데 그에게 기다림의 자세가 흩어지거나 변질됨 없이 일관되고 있는 것은 그의 기독교적인 종교의식에 뒷받침된 일면과 민족의 미래에 거는 확신이 있기 때문이라고 생각된다. 그의 정서 표출이 대개 긍지심이 깃들어 있거나 당당하고 의젓하거나 또는 분노의 가락이 격렬한데、그럴 만한 믿음의 근거가 확립되어 있기 때문이라고 생각된다. 이 작품집에 자주 보이는 바다의 의미도 풍요하고 부드러운 감각을 통하여 와야 할 주체자를 기대하는 자세와 결합되어 있다. 〈섬에서〉와 같은 작품에 보이는 자연의 거센 광경과 화자와의 융합에서도 억센 의기를 실감케 하고 있다. 서정시의 일반적인 특성이 영탄과 호소에 있다면 이 시인의 작품세계는 확신에 찬 의기로 앞서가는 기세가 우세한 특질로 나타나 있다. 이와 같은 기세와 의기의 시학은 한용운이나 李陸史(이육사)에 있어서조차도 이만큼

凜烈(늠열)함을 보이지는 못하였다. 이 시인의 시의 율조가 자유분방하고 거침이 없는 호쾌감을 주는 이유도 민족의 미래에 대한 그의 확신과 신앙의 굳음에 연유한다고 볼 때, 그의 詩形(시형)과 사상의 조화임을 이해하게 된다.

1956년에 간행된 《박두진 시선》은 앞에 출간된 시집에서 가려 뽑은 것이고, 1962년에 대한기독교서회에서 간행된 《거미와 성좌》 및 1963년에 一潮閣(일조각)에서 펴낸 《인간밀림》의 두 작품집은 대체로 6·25와 4·19와 그 이후의 현실에 밀착된 시인의식이 집중적으로 표현되고 있다. 이 시인이 즐겨 그의 詩想(시상)의 매개를 높은 것과 밝은 것과 깨끗한 생명력을 상징하는 사물들에 의존했었는데, 이 두 詞華集(사화집)에 이르러 견고한 것과 날아오르는 것에 빙의하여 차츰 그의 항거와 겨룸의 시상을 집중화해 가고 있음을 보게 되며, 격렬한 대결의 의지가 저력 있게 지속되어 가기도 한다. 그 대표적인 한 예를 〈꽃과 항구〉에서 찾아볼 수 있다.

그 소녀와 소년들과 젊은 속에 맥 뛰는

불의의 강압과 총칼 앞에 맞서는
살아서 누리려는 자유에의 비원이
죽음 — ·생명을 짓누르는 공포보다 강하고나.

피는 꽃보다 값지고、
자유에의 불꽃은 죽음보다 강하고나.

사람답게 살아가려는 젊은 의지와 정정당당하게 불의에 맞서는 의기를 이 시인은 증언하고 高揚化(고양화) 하고 있다. 이러한 시인의식에서、역사의 발전적 흐름에서 가치의 가장 중심이 되는 힘을 늘 주시하고 동참하는 고매한 자세를 볼 수 있다. 〈봄에의 檄(격)〉과 같은 작품에서 가장 근원적인 삶의 힘이 삶의 전체상을 포괄적으로 집약하여 제시하고 있는데、그 스스로의 일어나는 기세를 장쾌하게 제시하고 있다. 그의 문장은 명령형을 중심으로 하여 자유로운 뭇 삶의 신장과 그 억센 기백을 송두리째 보여 준다. 연작시 〈갈보리의 노래〉에서도 죽음과 삶의 뜻이 하나로 융합되면서 치열한 신앙적 시상으로 표현되고 있다.

시집 《인간밀림》에서는 응답 없는 「당신」의 침묵에 대한 기구와 삶의 원초적 힘에 의한 격렬함이 특색으로 나타나 있다. 〈갈대와 학〉에서 화평이 깨어지고 가치의 갈등이 빚어짐을 증언했고、전체적으로 이 시집은 자유의 성취에 지향된 민족의 의지를 시인의 목소리로 집약하고 외치고 일깨워 준 치열한 뜻으로 충만되어 있다. 이 시집에는 8·

15광복과 3·1운동과 4·19의 뜻을 되새기는 작품들도 있다. 〈있어서는 안 될 날이〉와 〈3월 1일의 하늘〉 및 〈분노가 잠간 침묵하는〉 등에 잘 나타나 있다.

이 시인의 작품세계는 늘 현실과 밀착되어 있으며, 조국의 앞날을 전망하면서 현실을 匡正(광정)하는 사명감이 우세하게 나타나 있다.

박두진 연보

경기도 안성 출생.

〈향현〉〈묘지송〉〈낙엽송〉〈의〉〈들국화〉 등의 작품으로 《문장》에 정지용 시인의 추천을 받음.

조지훈, 박목월 시인과 3인 시집 《청록집》 출간.

시집 《해》 출간.

시집 《오도》 출간.

제4회 아세아자유문학상 수상.

수상집 《시인의 고향》 출간. 연세대 조교수 부임.

시론집 《시와 사랑》 출간.

《한국전래동요찬본》 출간. 시집 《거미와 성좌》 출간.

제12회 서울특별시문화상 수상. 시집 《인간밀림》 출간.

《청록집·기타》와 《청록집 이후》를 박목월, 조지훈과 함께 출간. 시집 《하얀 날개》 출간.

수상집 《생각하는 갈대》, 시론집 《한국현대시론》 출간. 이화여대 부교수 부임. 3·1문화상 예술상 수상.

연세대 교수 재부임.

수상집 《언덕에 이는 바람》, 시집 《고산식물》, 《사도행전》, 《수석열전》, 시론집 《현대시의 이해와 체험》 출간.

제21회 대한민국예술원상 수상. 시집 《속·수석열전》 출간.

시집 《야생대》 출간.

1916년 3월 10일
1939년
1946년
1949년
1953년
1956년
1959년
1960년
1962년
1963년
1967년
1970년
1972년
1973년
1976년
1977년

박두진 연보

시집 《포옹무한》 출간.

연세대에서 정년퇴직. 〈박두진 전집〉 시 부문 전10권 출간. 단국대 초빙교수 부임.

시집 《별과 조개》, 《하늘까지 닿는 소리》, 《기(旗)의 윤리》 출간.

시집 《수석연가》 출간

추계예술대 전임대우 교수 부임. 수상집 《돌과의 사랑》 출간. 수상집 《그래도 해는 뜬다》, 시선집 《일어서는 바다》 출간.

시선집 《불사조의 노래》 출간.

제2회 인촌상 수상.

제1회 지용문학상 수상

수필집 《햇살, 햇볕, 햇빛》 출간.

제15회 외솔상 수상.

〈박두진 산문 전집〉 출간.

〈박두진 문학정신〉 전7권 출간.

제1회 동북아 기독문학상 수상.

신촌 세브란스병원에서 별세.

유고 시집 《당신의 사랑 앞에》 출간.

동시집 《해야 솟아라》 출간.

1980년
1981년
1982년
1984년
1986년
1987년
1988년
1989년
1991년
1993년
1995년
1996년
1997년
1998년 9월 16일
1999년
2014년

*박두진은 예술원 회원에 추대된 바 있으나 군부독재 정부의 혜택을 받을 수 없다 하여 문민정부가 들어선 후에야 수락했다.(편집자)

박두진
시 전집 1

The Complete Poems of
Park Doojin 1

2017. 8. 29. 초판 1쇄 인쇄
2017. 9. 15. 초판 1쇄 발행

지은이 박두진
펴낸이 정애주
펴낸곳 주식회사 홍성사
등록번호 제1-449호 1977. 8. 1.
주소 (04084) 서울시 마포구 양화진4길 3
전화 02) 333-5161
팩스 02) 333-5165

홈페이지 www.hsbooks.com
이메일 hsbooks@hsbooks.com
페이스북 facebook.com/hongsungsa
양화진책방 02) 333-5163

• 잘못된 책은 바꿔 드립니다.
• 책값은 뒤표지에 있습니다.
• 이 도서의 국립중앙도서관 출판예정도서목록(CIP)은 서지정보유통지원시스템 홈페이지(http://seoji.nl.go.kr)와 국가자료공동목록시스템(http://www.nl.go.kr/kolisnet)에서 이용하실 수 있습니다.(CIP제어번호: CIP2017019273)

ISBN 978-89-365-1244-6 (04230)
ISBN 978-89-365-0548-6 (세트)